ジュニャーナシュリーミトラ研究

新井 一光 著

山喜房佛書林

まえがき

本書は、2003年に駒澤大学に学位請求論文として提出し、翌年「博士（仏教学）」の学位を授与された論文「インド仏教における自己認識説」をもとに、その中心点を拡充したものである。今回新たに一書として刊行するにあたってその核心部分であるジュニャーナシュリーミトラの中観派批判を取り上げ、加筆修正を施し、その後発表した数編の論文を加えている。各章の内容を簡潔に述べておきたい。

第１章「序論」は、ジュニャーナシュリーミトラが11世紀のインド仏教の複雑多岐な流れの中で、積極的に自らの立っている位置をどのように明確にしようとしたのか考察したものである。ジュニャーナシュリーミトラが有形象唯識説を標榜することはこれまでの諸研究において明らかにされてきたところであるが、さらに彼自身が唯識説を主張するにあたり、yuvarājaの名称をもつ新たな潮流を導入しようとしたのではないかという問題が提起される。また、ジュニャーナシュリーミトラ自身による唯識説の確立と中観派批判がこの章で考察される。

第２章「『有形象証明論』「自己認識章」の考察」は、校訂本 *Jñānaśrīmitranibandhāvali*, 470,18-478,12 の範囲を取り扱い、訳に際して基づいたサンスクリットテキストを写本等の異読とともに示し、訳と註を与えた。本章のはじめに示すように、ここにプラジュニャーカラマティの『入菩提行論細疏』が引用されているが、これこそ本研究を貫く主題の基点となっているものである。

第３章「自己認識説と唯識説」は、前２章の内容の枠内に関連する個別の問題に関して、これまでの私の論文の中から特に二篇を選び収めた。第１節では、*Pramāṇavārttika* III.354 を主題として、知の本質について考察し、第２節では、後代のウダヤナの唯識説批判の一節がジュニャーナシュリーミトラの所説を前提していることを指摘した。

付論「『有形象証明論』における大悲」は、仏教の慈悲について『有形象証明論』の用例を考察したものである。

この場をかりて、ご指導いただいた先生方に感謝の意を表したい。

はじめに、衷心より深い感謝の念を、松本史朗先生にささげたい。先生には学部、大学院の学生時代を通じて指導していただいた。本書の最初の出発点は先生の御指導のもとに書いた修士論文であるが、今日に至るまで終始変わらぬ暖かい御指導をいただいている。

駒澤大学では、池田練太郎先生、金沢篤先生、四津谷孝道先生は、修士及び博士後期課程において論文の審査にあたって下さった。心から厚く感謝申し上げたい。学部より大学院まで過ごした駒澤大学は私の学問的鍛錬の場であり、また非常勤講師として授業を担当させていただき、直接的に、あるいは間接的にご指導いただいた諸先生に、それに劣らぬ感謝を申し上げたい。

大学院修了後、国内では佛教大学教授の松田和信先生に暖かいご指導をいただいた。心から深く感謝申し上げたい。

ハンブルク大学では、Lambert Schmithausen教授、Harunaga Isaacson教授、Michael Zimmermann教授及び諸先生の授業に参加させていただいた。Schmithausen先生の元に、先生の最後のSemesterであった2004/05年冬学期より留学できたことは文字通り貴重な経験であった。諸先生方に心から厚く感謝申し上げたい。友人の高野山大学の加納和雄氏には大きな学恩を受けている。心から謝意を表したい。

また現在お世話になっている拓殖大学の犬竹正幸先生にも深く感謝申し上げたい。

本書の出版に関して、山喜房佛書林の浅地康平社長に快く引き受けていただいたことに心からお礼申し上げたい。

2016年6月1日　福島にて

新　井　一　光

ジュニャーナシュリーミトラ研究　目次

まえがき i
目　次 iii
略号及び参考文献 v

第1章　序　論 1
第1節　ジュニャーナシュリーミトラの思想史的場 1
1　瑜伽行派の系譜への言及 3
2　有形象唯識説の系譜への言及 4
3　中観派の系譜への言及 5
第2節　Yuvarājaについて
—ジュニャーナシュリーミトラの仏教思想 8
1　問題設定 8
2　yuvarājaの十六の用例 10
3　用例の検討 13
4　結びにかえて 16
第3節　ジュニャーナシュリーミトラと『宝性論』 18
1　問題の所在 18
2　『宝性論』第４章第53－54偈の解釈 18
3　『大乗荘厳経論』との関連 21
4　結びにかえて 22
第4節　ジュニャーナシュリーミトラの自己認識説 23
1　ジュニャーナシュリーミトラの基本的な思想的立場 23
第5節　ジュニャーナシュリーミトラの中観派批判 34
1　自己作用の矛盾に基づく自己認識説批判 34
2　『入菩提行論細疏』の記述 37
3　ジュニャーナシュリーミトラの批判（1） 40
4　ジュニャーナシュリーミトラの批判（2） 41

5　ジュニャーナシュリーミトラの批判（3）　43
6　想起に基づく自己認識説論証と批判　46
7　結論　54

第２章　『有形象証明論』「自己認識章」の考察　69
はじめに　69
凡例　76
サンスクリットテキスト [J 470,18-478,12]　77
本文の和訳　91
註　112

第３章　自己認識説と唯識説　127
第１節　『量評釈』「現量章」第354偈の自己認識説　127
1　「所取」と「能取」と自己認識の関係について　127
2　チベット註釈文献　132
3　インド註釈文献　144
4　『成唯識論』における識の三分説　149
5　結論　151
第２節　ウダヤナの唯識説批判　151
1　はじめに　151
2　識論者の反論とウダヤナの答論　153
3　矛盾する属性の付託に関する議論　156
4　ジュニャーナシュリーミトラの説　162

付論　『有形象証明論』における大悲　171

初出一覧　177
索　引　179

略号及び参考文献

記号、全集、叢書等

add. added in

conj. conjecture

D デルゲ (sDe dge) 版チベット大蔵経。文献番号：宇井伯壽等編『西蔵大蔵経総目録』（仙台、1934年）。

em. emendation

om. omits in

P 北京 (Peking) 版チベット大蔵経。文献番号：『北京版　西蔵大蔵経目録・索引』（鈴木学術財団、1962年）。

T 大正新脩大蔵経（Tの次に、巻数.文献番号の順で示す。）

一次資料

$\bar{A}TV_{BI}$ *Udayanācārya, Ātmatattvaviveka, with the Commentaries of Śaṅkara Miśra, Bhagīratha Thakkura and Raghunārtha Tārkikaśromaṇī*. Ed. M. V. Dvivedin and P. L. S. Dravida, Bibliotheca Indica, Work No.170, The Asiatic Society. 1907-39 [repr. 1986].

$\bar{A}TV_{Ch}$ *Ātmatattvaviveka of śrī Udayanācārya with Nārāyaṇī Commentary of śrī Nārāyaṇācārya Ātreya and (Bauddhādhikāra) Dīdhiti Commentary of śrī Raghunātha Śiromaṇi with Bauddhādhikāra Vivṛti of śrī Gadādhara Bhaṭṭāchārya Edited with Critical Introdution, Index & Exhaustive foot Notes*. Ed. D. Śāstri. Chowkhamba Sanskrit Series 84. Varanasi 1940, 1997.

$\bar{A}TV_D$	DRAVID 1995参照。
ĀTVK	Ātmatattvavivekakalpalatā (Śaṅkara Miśra): $\bar{A}TV_{BI}$ 参照。
$\bar{A}TV_T$	*Udayanācārya, Ātmatattvaviveka (with Critical Translation).* Ed. K. TRIPATHI, Varanasi 1983.
APS	Ariyaparyesanasutta: *The Majjhima Nikāya* 1, Pali Text Society 1888.
J	*Jñānaśrīmitranibandhāvali (Buddhist Philosophical Works of Jñānaśrīmitra).* Ed. A. THAKUR. Patna [1]1959, [2]1987. (*Tibetan Sanskrit Works Series V*)
Ms	Niedersächsische Staats- und Universitätsbibliothek Göttingen 所蔵写本 (No. Xc 14/25).
TS	Tattvasaṃgraha (Śāntarakṣita): *Tattvasaṃgraha of Ācārya Shāntarakṣita with the Commentary 'Pañjikā' of Shri Kamalaśīla*. Ed. D. SHASTRI. Varanasi 1981.
DBhS	Daśabhūmikasūtra: *Daśabhūmikasūtra et Bodhisattvabhūmi, Chapitres Vihāra et Bhūmi avec une Introduction et des Notes.* Ed. J. RAHDER. Paris / Louvain 1926.
NBh	Nyāyabhāṣya: NSū 参照。
NSū	Nyāyasūtra: *Nyāyadarśanam*, 2 vols., Calcutta Sanskrit Series, 1936 [repr. Rinsen Book Co., 1982] .
PV II, III, IV	Pramāṇavārttika II, III, IV (Dharmakīrti): *The Pramāṇavārttikakārikā (Sanskrit and Tibetan).* Ed. Y. MIYASAKA, *Acta Indologica 2 (1971/72)*, 1-206. [PV II: *Pramāṇasiddhiḥ*, PV III: *Pratyakṣaparicchedaḥ*, PV IV: *Parārthānumānapari-cchedaḥ*]
PV_{Legs}	*Tshad ma rnam ḥgrel legs par bśad pa* (dGe ḥdun grub pa dpal bzaṅ po): Ed. dGaḥ ldan pho braṅ, Vol. Ca. *The Collected Works of the First Dalai Lama dGe ḥdun grub pa*, Vol. 5.

	Gangtok 1981.
PV_G	rGyas pa'i bstan bcos tshad ma rnam 'grel gyi 'grel pa Grub mtha' sna tshogs kyi loṅs spyod kyis gtams pa'i rigs pa'i mdzod ('U yug pa): sDe dge ed., Patshang Lama Sonam Gyaltsen, 2 Vols, Delhi 1982, Vol. 2.
PV_{Thar}	Tshad ma rnam 'grel gyi tshig le'ur bya pa'i rnam bśad Thar pa daṅ thams cad mkhyen pa'i lam phyin ci ma log par gsal bar byed pa (Dar ma rin chen): Zhol ed., 1987, Vol. Cha (= Tohoku No. 5450).
PV_{Rigs}	*rGyas pa'i bstan bcos tshad ma rnam 'grel gyi rgya cher bśad pa Rigs pa'i rgya mtsho* (mKhas grub rje dGe legs dpal bzaṅ po), Zhol ed., 1897, Vols. Tha, Da (= Tohoku No. 5505)
$PV_{K'}$	baTan bcos tshad ma rnam 'grel gyi rnam par bśad pa kun tu bzaṅ po'i 'od zer (Go rams pa): *Sa skya pa'i bka' 'bum*, Vol. 11, Tokyo 1969.
$PV_{Śākya}$	rGyas pa'i bstan bcos tshad ma rnam 'grel gyi rnam bśad Kun bzaṅ chos kyi rol mtsho (Śākya mchog ldan): *The Complete Works (Gsuṅ 'Bum) of gSer-mdog Paṇ-chen Śākya-mchog-ldan*, Bhutan 1975, Vol. 18.
PVA	Pramāṇavārttikālaṃkāra (Prajñākaragupta): *Pramāṇavārttika-bhāṣyam or Vārtikālaṅkāra of Prajñākaragupta: Being a Commentary on Dharmakīrti's Pramāṇavārttikam*. Ed. R. SĀṄKṚTYĀYANA. Patna 1953.
PVin I, II	Pramāṇaviniścaya (Dharmakīrti): *Dharmakīrti's Pramāṇa-viniścaya. Chapters 1 and 2*. Ed. E. STEINKELLNER. Beijing / Vienna 2007. (*China Tibetology Publishing House* / Austrian Academy of Sciences Press.)
PVinṬ	Pramāṇaviniścayaṭīkā (Dharmottara): P5727, D4229.

PVṬ(R)	Pramāṇavārttikaṭīkā (Ravigupta): P5722, D4225.
PVP	Pramāṇavārttikapañjikā (Devendrabuddhi): P5717, D4217.
PVV	Pramāṇavārttikavṛtti (Manorathanandin): *Dharmakīrti's Pramāṇavārttika with a commentary by Manorathanandin*. Ed. R. Sāṅkṛtyāyana. Patna 1938-1940.
PVSV	Pramāṇavārttikasvavṛtti (Dharmakīrti): The *Pramāṇavārttikam of Dharmakīrti, The First Chapter with Autocommentary*. Ed. R. Gnoli. Rome 1960.
BCA	Bodhicaryāvatāra (Śāntideva): BCAP参照
BCAP	Bodhicaryāvatārapañjikā (Prajñākaramati): *Prajñākaramati's Commentary to the Bodhicaryāvatāra of Śāntideva*. Ed. L. De La Vallée Poussin. Calcutta 1901-1914 (*Bibliotheca Indica*).
MA	Madhyamakālaṃkāra (Śāntarakṣita): Ichigō 1985参照。
MAV	Madhyamakālaṃkāravṛtti (Śāntarakṣita): Ichigō 1985参照。
MAnV	Madhyāntavibhāga: MAnVBh参照。
MAnVBh	Madhyāntavibhāgabhāṣya (Vasubandhu): *A Buddhist Philosophical Treatise, edited for the first time from a Sanskrit Manuscipt*. Ed. G. M. Nagao. Tokyo 1964.
MAv	Madhyamakāvatāra (Candrakīrti): D3861, P5262, Li 2015参照。
MAvBh	Madhyamakāvatārabhāṣya (Candrakīrti): D3862, P5271.
MSA	Mahāyānasūtrālaṃkāra: MSABh参照。
MSABh	Mahāyānasūtrālaṃkārabhāṣya (Vasubandhu): *Mahāyāna-Sūtrālaṃkāra: exposé de la doctrine du Grand Véhicule*, Tome I. Ed. S. Lévi. Kyoto, Rinsen Book Co. 1983.
R	*Ratnakīrtinibandhāvali*, Ed. A. Thakur. Patna, 2nd ed. 1975. (*Tibetan Sanskrit Works Series* III)
RG	Ratnagotravibhāga: *The Ratnagotravibhāga Mahāyānottara-*

	tantraśāstra. Ed. E. H. JONSTON and seen through the press and furnished with Indexes by T. CHAUDHRY. Patna 1950.
Saṃdh	Saṃdhinirmocanasūtra: LAMOTTE 1935参照。
SDV	Satyadvayavibhaṅga (Jñānagarbha): M. D. ECKEL, *Jñānagarbha's Commentary on the Distinction between the Two Truths: An Eighth Century Handbook of Madhyamaka Philosophy*, State University of New York Press, 1987.
SP	*Saddharmapuṇḍarīka*: H. KERN and B. NANJIO eds., Bibliotheca Buddhica 10. St. Petersburg, 1908-1912.
SS	Sākārasiddhiśāstra (Jñānaśrīmitra): J 367-513.
SSg	Sākārasaṃgrahasūtra (Jñānaśrīmitra): J 515-578.
SS V	Sākārasiddhiśāstra (Jñānaśrīmitra), Svasaṃvedanapariccheda: J 466-482.

参考文献

天野 1964　天野宏英「ハリバドラの仏身論」『宗教研究』37-4 (179), 25-57。

新井 2002　新井一光「『量評釈』「現量章」第354偈の解釈―識の〈三分〉説をめぐって―」『曹洞宗研究員研究紀要』32, 15-51。

新井 2003　新井一光「ウダヤナの唯識説批判―*Ātmatattvaviveka*「外境滅」章研究(1)―」『駒澤大学仏教学部論集』34, 37-56。

新井 2004　新井一光「ジュニャーナシュリーミトラの中観派批判―自己認識説を中心として―」『曹洞宗研究員研究紀要』34, 1-41。

新井 2009　新井一光「識の三分説について」『駒澤大学仏

教学部研究紀要』67, 285-291。

新井 2011 新井一光「『有形象証明論』*Sākārasiddhiśāstra*「自己認識章」和訳研究」『インド論理学研究』2, 81-90。

新井 2011a 新井一光「『有形象証明論』*Sākārasiddhiśāstra*「自己認識章」和訳研究（2）」『インド論理学研究』3, 127-132。

新井 2012 新井一光「『有形象証明論』*Sākārasiddhiśāstra*「自己認識章」和訳研究（3）」『インド論理学研究』4, 55-61。

新井 2012a 新井一光「Yuvarājaについて—ジュニャーナシュリーミトラの仏教思想—」『駒澤大学仏教学部論集』43, 211-219。

新井 2012b 新井一光「唯識の学系—量・聖典・論書」『インド論理学研究』5, 211-220。

新井 2013 新井一光「ジュニャーナシュリーミトラと『宝性論』」『駒澤大学仏教学部研究紀要』71, 175-182。

新井 2013a 新井一光「*Sākārasiddhiśāstra* における大悲」『インド論理学研究』6, 169-172。

BANDYOPADHYAY 1988 N. BANDYOPADHYAY: The Concept of Contradiction in Indian Logic and Epistemology. *Journal of Indian Philosophy* 16: 225-246.

BHATTACHARYA 1987 D. C. BHATTACHARYA: *History of Navyanyāya in Mithilā*. Darbhanga.

BIJLERT 1989 VITTORIO A. VAN BIJLERT: *Epistemology and Spiritual Authority*. Wien.

BURKE 1989 B. D. BURKE: *An Analysis of Udayana's Arguments*

	against the Buddhist Doctrine of Ksanabhanga as Presented in the Atmatattvaviveka. Ph.D. Thesis, University of Minnesota.
CHEMPARATHY 1972	G. CHEMPARATHY: *An Indian Rational Theology*. Wien.
CHAKRABARTI 1999	K. K. CHAKRABARTI: *Classical Indian Philosophy of Mind: The Nyāya Dualist Tradition*, State University of New York Press.
DRAVID 1995	N. S. DRAVID: *Ātmatattvaviveka by Udayanācārya, with Translation, Explanation and Analytical-Critical Survey*. Shimla.
江島 1990	江島恵教「Bhāvaviveka / Bhavya / Bhāviveka」『印度学仏教学研究』38-2, 98-106。
FRAUWALLNER 1932	ERICH FRAUWALLNER: Jñānaśrī. *Wiener Zeitschrift für die Kunde des Morgenlandes 38*: 229-234.
FUKUDA & ISHIHAMA 1986	YOICHI FUKUDA and YUMIKO ISHIHAMA: *A Comparative Table of Sa-bcad of the Pramāṇavārttika found in Tibetan Commentaries on the Pramāṇavārttika*. (*Studia Tibetica No.12*) The Toyo Bunko.
袴谷 2001	袴谷憲昭『唯識思想論考』大蔵出版。
袴谷 2008	袴谷憲昭『唯識文献研究』大蔵出版。
HATTORI 1968	MASAAKI HATTORI: *Dignāga, On Perception, being the Pratyakṣapariccheda of Dignāga's Pramāṇasamuccaya; from the Sanskrit fragments and the Tibetan versions. Translated and annotated. Cambrige, Massachusetts.*
林 1996	林慶仁「Ratnākaraśānti の綱要書—Triyānavyavasthāna 試訳—」『論争アジアの文化と思

想』5, 34-93。

Ichigō 1985	Masamichi Ichigō: *Madhyamakālaṃkāra*. 文栄堂。
伊原 1967	伊原照蓮「akṣaraの解釈」『印度学仏教学研究』15-2, 89-94。
稲見 1992	稲見正浩「『プラマーナ・ヴァールティカ』プラマーナシッディ章の研究(2)」『広島大学文学部紀要』52, 21-41。
Iwata 1991	Takashi Iwata: *Sahopalambhaniyama. Struktur und Entwicklung des Schlusses von der Tatsache, daß Erkenntnis und Gegenstand ausschließlich zusammen wahrgenommen werden, auf deren Nichtverschiedenheit. 2 Teile*. Stuttgart (*Alt- und Neu-Indische Studien 29, I-II*).
Kajiyama 1963	Yuichi Kajiyama: Trikapañcakacintā: Development of the Buddhist Theory on the Determination of Causality.『インド学試論集』4-5, 1-15.
梶山 1983	梶山雄一『仏教における存在と知識』紀伊國屋書店。
Kajiyama 1998	Yuichi Kajiyama: *An Introduction to Buddhist Philosophy. An Annotated Translation of the Tarkabhāṣā of Mokṣākaragupta*. Wien.
金沢 1987	金沢篤「ヴァーチャスパティの年代論」『東洋学報』68-3/4, 356-333。
金沢 2014	金沢篤「śabdatattvaとスポータ説批判」『インド論理学研究』7, 2014, 363-387。
Katsura 1984	Shōryū Katsura: Dharmakīrti's Theory of Truth. *Journal of Indian Philosophy* 12, 215-235.

筧 1970a	筧無関「有形象知論における増益と損減の意義—Jñānaśrīmitra: “SĀKĀRASIDDHIŚĀSTRA VI”—」『印度学仏教学研究』19-1, 230-234。
筧 1970b	「Jñānaśrīmitra の “SĀKĀRASIDDHIŚĀSTRA” 第 6 章—試訳と註記—」『北海道駒澤大学研究紀要』5, 1-20。
筧 1981	「ジュニャーナシュリーミトラによる有形象唯識学派の系譜—「YUVARĀJA」考—」『北海道駒澤大学研究紀要』16, 21-26.
金子 1997	金子宗元「‘Arthakriyāsamartha’ の解釈を巡って—『量評釈』「現量章」第三偈を中心として—」『曹洞宗研究員研究紀要』28, (332)-(304).
加納 2011	加納和雄「Ekagāthā, Caturgāthā, Gāthādvaya-dhāraṇī —11世紀のインド仏教における読誦経典のセット—」『密教文化』227, (49)-(87)。
加納 2014	加納和雄「『宝性論』の展開」『シリーズ大乗仏教第8巻　如来蔵と仏性』春秋社, 205-247。
KANO 2016	KAZUO KANO: Jñānaśrīmitra on the *Ratnagotra-vibhāga*.『東洋文化』96, 7-48.
桂 1969	桂紹隆「ダルマキールティにおける「自己認識」の理論」『南都仏教』23, 1-44.
桂 1983	桂紹隆「ダルマキールティの因果論」『南都仏教』50, 96-114.
KELLNER 2007	BIRGIT KELLNER: *Jñānaśrīmitra's Anupalabdhi-rahasya and Sarvaśabdābhāvacarcā. A Critical Edition with a Survey of his Anupalabdhi-Theory*. Wien.
木村 1987	木村俊彦『ダルマキールティ宗教哲学の研究』

増補版、木耳社。

北原 1996　北原裕全「ラトナキールティの多様不二論—後期唯識思想における形象論研究序説—」『高野山大学大学院紀要』創刊号, 1-21。

北原 1997　北原裕全「ウダヤナによる多様不二論批判」『印度学仏教学研究』45-2, 955-952。

久間 1996　久間泰賢「経量部説と唯識学説との関係づけ—Jñānaśrīmitraの場合—」『仏教学』38, 63-79。

KYUMA 1999　TAIKEN KYUMA: Bheda and virodha. *Dharmakīrti's Thought and Its Impact on Indian and Tibetan Philosophy* Ed. SH. KATSURA. Wien. Verlag der Österreichschen Akademie der Wissenschaften, 225-232.

久間 2002　久間泰賢「効果的作用をなすものは勝義的存在か」『木村清孝博士還暦記念論集　東アジア仏教—その成立と展開』春秋社, 517-531。

KYUMA 2005　TAIKEN KYUMA: *Sein und Wirklichkeit in der Augenblicklichkeitslehre Jñānaśrīmitras. Kṣaṇabhaṅgādhyāya I: Pakṣadharmatādhikāra. Sanskrittext und Übersetzung*. Wien.

久間 2012　久間泰賢「後期瑜伽行派の思想——唯識思想と外界実在論との関わり」『シリーズ大乗仏教第7巻　唯識と瑜伽行』春秋社, 221-253。

LA VALLÉE POUSSIN 1928　LOUIS DE LA VALLÉE POUSSIN: *Vijñaptimātratāsiddhi, La Siddhi de Hiuan-Tsang*. Vol.1. Paris.

LAMOTTE 1935　ÉTIENNE LAMOTTE: *Saṃdhinirmocanasūtra: l'Explication des Mystères: Texte Tibétain*. Louvain.

LI 2015　LI XUEZHU: Madhyamakāvatāra-kārikā Chapter 6,

Journal of Indian Philosophy 43, 1–30.

松田 1985　松田和信「*Vyākhyāyukti* の二諦説—Vasubandhu研究ノート(2)—」『印度学仏教学研究』33-2, (114)-(120)。

松本 1978　松本史朗「ジュニャーナガルバの二諦説」『仏教学』5, 109-137。

MATSUMOTO 1980　SHIRŌ MATSUMOTO: Sahôpalambha-niyama.『曹洞宗研究員研究生研究紀要』12, (1)-(34)。

松本 1980　松本史朗「仏教論理学派の二諦説（上）」『南都仏教』45, 101-118。

松本 1980a　松本史朗「Ratnākaraśānti の中観派批判」（上）『東洋学術研究』19-1, 148-174。

松本 1980b　松本史朗「Ratnākaraśānti の中観派批判」（下）『東洋学術研究』19-2, 152-180。

松本 1986　松本史朗「後期中観思想の解明にむけて— 一郷正道氏『中観荘厳論の研究』を中心に—」『東洋学術研究』25-2, 177-203.

松本 1994　松本史朗『禅思想の批判的研究』大蔵出版。

松本 1997　松本史朗『チベット仏教哲学』大蔵出版。

松本 2010　松本史朗『法華経思想論』大蔵出版。

松本 2013　松本史朗『仏教思想論　下』大蔵出版。

神子上 1978　神子上恵生「物にそなわる普遍的機能 (Sāmānyā śakti) と特殊的機能 (Pratiniyatā śakti) 」『仏教文化研究所紀要』17, 1-15。

御牧 1980　御牧克己「antaraślokaについて」『印度学仏教学研究』28-2, 959-952。

宮元・石飛 1988　宮元啓一・石飛道子『インド新論理学派の知識論『マニカナ』の和訳と註解』山喜房佛書林。

宮坂 1956 宮坂宥勝『ニャーヤ・バーシュヤの論理学—印度古典論理学—』山喜房仏書林。

森山 1996 森山清徹「シャーンティデーヴァ，プラジュニャーカラマティの自己認識批判—*Bodhicaryāvatārapañjikā* IX 和訳研究—」『佛教大学文学部論集』80, 15-34。

NAGATOMI 1967/68 MASATOSHI NAGATOMI: Arthakriyā. Adyar Library Bulletin 31-32, 53-72.

中村 2010 中村元『慈悲』講談社学術文庫（初版平楽寺書店、1956）。

中村 1982 中村瑞隆「バイローチャナ・ラクシタの宝性論註—智光明荘厳経から引用の九喩について—」『大崎学報』135, 187-204。

小川 1976 小川一乗『空性思想の研究』文栄堂。

沖 1973 沖和史「Dharmakīrti の《citrādvaita》理論」『印度学仏教学研究』21-2, 975-969。

沖 1975 沖和史「《citrādvaita》理論の展開—Prajñākaragupta の論述—」『東海仏教』20, (1)-(14)

小野 1995 小野基「仏教論理学派の一系譜—プラジュニャーカラグプタとその後継者たち—」『哲学・思想論集』21, 142-162。

太田 1967 太田心海「プラジュニャーカラマティの唯識説批判」『印度学仏教学研究』16-1, 198-204。

POTTER 1977 KARL H. POTTER: *Encyclopedia of Indian Philosophy, Indian Metaphysics and Epistemology: The Tradition of Nyāya-Vaiśeṣika up to Gaṅgeśa*. Delhi.

斎藤 1996 斎藤明「中観思想史におけるシャーンティデーヴァの位置をめぐって」『宗教研究』307(69-4),

173-175.

SĀṄKṚTYĀYANA 1937 — RĀHULA SĀṄKṚTYĀYANA: Second Search of Sanskrit Palm-Leaf Mss. in Tibet. *Journal of Bihar and Orissa Research Society 23*, 1-57.

SĀṄKṚTYĀYANA 1938 — RĀHULA SĀṄKṚTYĀYANA: Search for Sanskrit Mss. in Tibet. *Journal of Bihar and Orissa Research Society 24*, 137-163.

SCHMITHAUSEN 2000 — LAMBERT SCHMITHAUSEN: Gleichmut und Mitgefühl: Zu Spiritualität und Heilsziel des älteren Buddhismus. *Der Buddhismus als Anfrage an christliche Theologie und Philosophie*, hrsg. Andreas Bsteh, Studien zur Religionstheologie, Bd. 5, Mödling, 119-136.（齋藤直樹訳）「超然と同情　初期仏教にみられる精神性と救済（利）の目的」『哲学（三田哲学会）』108, 2002, 67-99。

SEYFORT RUEGG 1969 — David SEYFORT RUEGG: *La théorie du Tathāgatagarbha et du Gotra*, Paris.

釈 2000 — 釈見弘「唯識思想をめぐる Prajñākaramati の世俗の立場——『入菩提行論細疏』第九章を中心に——」『インドの文化と論理：戸崎宏正博士古稀記念論文集』九州大学出版会, 487-513。

STCHERBATSKY 1932 — THEODORE STCHERBATSKY: *Buddhist Logic I*. Leningrad (repr. Delhi 1993).

STCHERBATSKY 1932a — THEODORE STCHERBATSKY: *Buddhist Logic II*. Leningrad (repr. Delhi 1993).

STEINKELLNER 1977 — ERNST STEINKELLNER: Jñānaśrīmitra's *Sarvajñasiddhi*. *Prajñāpāramitā and Related Systems. Studies in Honor of Edward Conze*. Ed. LEWIS

LANCASTER, Berkeley, 383-393.

TACHIKAWA 1981 MUSASHI TACHIKAWA: *The Structure of the World in Udayana's Realism: A Study of the Lakṣaṇāvalī and the Kiraṇāvalī*, D. Reidel Publishing Company.

高崎 1974 高崎直道『如来蔵思想の形成―インド大乗仏教思想研究―』春秋社。

高崎 1975 高崎直道『大乗仏典12　如来蔵系経典』中央公論社。

高崎 1989 高崎直道『宝性論』講談社。

高崎 1992 高崎直道「慈悲の渕源」『成田山仏教研究所紀要 特別号 仏教文化史論集I』15, 161-188。

谷 1985 谷貞志「逆行する認識論と論理―ダルマキールティにおける PRAMĀṆA（認識論および論理的真理決定基準）の構造―」『平川彰博士古稀記念論集　仏教思想の諸問題』春秋社、531-550。

谷 1995 谷貞志「ジュニャーナシュリーミトラ「瞬間的消滅論」―思想的クロノロジーの逆転―」『印度学仏教学研究』44-1, 357-353。

谷 2000 谷貞志『刹那滅の研究』春秋社。

戸崎 1979 戸崎宏正『仏教認識論の研究』上巻，大東出版社。

戸崎 1985 戸崎宏正『仏教認識論の研究』下巻，大東出版社。

塚田 1988 塚田貫康「入菩提行論細疏第九章試訳(3)―唯識論者の自証説を批判する―」『仏教学』24, 53-74。

宇井 1952 宇井伯壽「真理の宝環」『名古屋大学文学部研究論集 III 哲学I』1, 1-32。

宇井 1958　宇井伯壽『陳那著作の研究』岩波書店。

渡辺 1976　渡辺重朗「「量評釈荘厳」に於ける量の定義」『成田山仏教研究所紀要』1, 367-400。

山口 1941　山口益『仏教に於ける無と有との対論』弘文堂書房。

WILLIAMS 1998　PAUL WILLIAMS: *The Reflexive Nature of Awareness: A Tibetan Madhyamaka Defence*. Curzon Press, U.K.

第1章　序　論

第1節　ジュニャーナシュリーミトラの思想史的場

後期インド仏教において活躍したジュニャーナシュリーミトラ Jñānaśrīmitra (ca. 980-1030[1]) は、彼の『有形象証明論』*Sākārasiddhiśāstra* (SS) において彼自身の有形象唯識説を主張するとともに諸学説に言及している。すなわち彼は、彼の *Kṣaṇabhaṅgādhyāya*等の著作で経量部説を論究し、また同時代人のラトナーカラシャーンティの無形象唯識説に対する批判等によって自己の学説を確立しようとするが、ジュニャーナシュリーミトラには、中観思想を自己の学説に取り込もうとする傾向が認められるのである。1970年、これを指摘した筧無関氏はSS第６章「二不二章」(Ubhayādvaita-pariccheda) における次の一節に言及しておられる[2]。

> J 512,1-2: tasmād vastuto madhyamāyogācārayor apy advaitam eva.
> したがって、真実において、中〔道〕と瑜伽行派の両者は不二にほかならない。

また、久間泰賢博士は、ジュニャーナシュリーミトラの『摂有形象経』*Sākārasaṃgrahasūtra* (SSg) のうちにこの傾向を指摘しておられる。本文と博士の和訳を挙げれば次の通りである[3]。

> J 547,7-8: śuddhamādhyamikas tasmād yogācārān na bhidyate |
> samāropāpavādāntamuktir eva hi madhyamā ||
> それゆえ、純粋なる中観派は瑜伽行派と異ならない。中［道］とは増益と損減との二辺を離れることに他ならないからである。

これらの二つの記述とも、唯識説と中観学説が「真実において」、もしくは「中道」という観点からみて、異なっていないことを主張するものであることは、両氏によってそれぞれ指摘されるとおりである。では、一体ジュニャーナシュリーミトラは自己の学説において、どのように中観学説に論及したのであろうか。そしてまた、その統合は、いかなる意図の元になされたのであろうか。本節では、SS第５章「自己認識章 (Svasaṃvedana-pariccheda)」(=SS V) を中心的に取り上げ、彼の思想史的場に関するSSの記述を紹介し、問題点を提示したい。

なお、ここで思想史的場とは、有形象唯識説を標榜するジュニャーナシュリーミトラの思想史上の立場もしくは歴史的背景を言うのではない。それは謂わば彼の思想的もしくは系統的外皮に関連するものであると思われる。そうではなくて、私が意図し、強調したいのは、仏教徒である彼が他ならぬその時代を呼吸しながら自己の中心的問題として不可避的に向き合わなければならなかった、思想史を可能なものとした歴史的状況にほかならない。

蓋し、生の現実は苦そのものであり、全く不合理なものにほかならない。ジュニャーナシュリーミトラはそのような現実に対し、自らどのように切り込んでいったのであろうか。そして、そこに置かれた苦なる自己の生をいかなる想いをもって生きたのであろうか。

我々は、先ずジュニャーナシュリーミトラの残された作品自体にその想いを探ることから始め、彼自身の思想にとどまらず、彼がそのとき真に向き合っていた歴史的状況と仏教の核心的問題を解く端緒を掴むことを試みよう。

1　瑜伽行派の系譜への言及

先ず、ジュニャーナシュリーミトラ自身が意識し自ら説くところの仏教思想家の系譜を取り上げよう。それは無論この系譜が歴史的真実を伝えているという観点からではない。この系譜を示すことによって、ジュニャーナシュリーミトラがまさにそのように仏教史を再構成しようとした彼の意図を見出すためである。この一節はすでに『ジュニャーナシュリーミトラ著作集』*Jñānaśrīmitranibandhāvali* の校訂者である A. THAKUR を始めとし複数の研究者によって翻訳、言及されているが[4]、テキストとともに私の訳によって示せば次の通りである。

J 506,5-8: āryāsaṅgam anaṅgajin nayavaho yad bhūpatīśo 'nvaśād
　　ācāryo vasubandhur uddhuramatis tasyājñayādidyutat |
dignāgo 'tha kumāranāthavihitāsāmānyasāhāyakas
　　tasmin vārttikabhāṣyakārakṛtinor adyānavadyā sthitiḥ ||

愛神カーマを征服する理趣を担うブーパティーシャが、聖 (ārya) アサンガに教授した、彼の教令によって、堅固な知をもつ師 (ācārya) ヴァスバンドゥが輝いた。それから、ディグナーガは、クマーラナータによって並外れた助力が与えられた。そこにおいて、今、過失がない、評釈者（ダルマキールティ）と註釈者（プラジュニャーカラグプタ）の説がある。

ここでジュニャーナシュリーミトラは、ブーパティーシャ（＝マイトレーヤナータ）に始まり、聖アサンガ、師ヴァスバンドゥの相承に、クマーラナータ、ディグナーガ、ダルマキールティ、プラジュニャーカラグプタの系譜を位置付けた上で、自らがこの正系を伝えていることを意図していると思われる。

しかし、この二人の思想家の説く唯識説は、彼等以前のマイトレーヤナータ、聖アサンガ、師ヴァスバンドゥの相承とは明らかに一線を画すとされるならば[5]、このジュニャーナシュリーミトラの意図は、現代の我々にやはり奇妙な印象を与えると言わなければならない[6]。

しかし、そのような傾向が指摘され得るにもかかわらず、ジュニャーナシュリーミトラは、実際には、自説を確立するために瑜伽行派の基本典籍である *Madhyāntavibhāga, Mahāyānasūtrālaṃkāra* を多く引用するのであるが、注意を要するのは、SS及びSSgには、これらの二典籍に加え、*Dharmadharmatāvibhāga, Ratnagotravibhāga, Abhisamayālaṃkāra* の引用が確認されていることである。すなわち、これらの典籍は、いわゆる「マイトレーヤの五法」と呼ばれるものであるが、それらのいずれの典籍をもジュニャーナシュリーミトラが引用していることは、インドの11世紀における経論の伝承形態を伝える点でも重要であると思われる。

なお、SS及びSSgにおいて言及される「ユヴァラージャ (yuvarāja)」に関しては、筧氏が考察し、その人物は「決して固有の人物を指すのではなく、主としてマイトレーヤとアサンガという ārya の称号を有する祖師におくられた、相承と言うには具体例の少ない、しかし宗教的憧憬を感じさせるものである」との結論を出しておられる[7]。

2　有形象唯識説の系譜への言及

しかるに、ジュニャーナシュリーミトラがこれらの思想家を同一の系譜に位置付けようとする試みについていえば、彼は有形象唯識説を標榜するために、ダルマキールティとプラジュニャーカラグプタに言及し、彼ら二人を権威としている。たとえば、彼は、先の一節においてクマーラナータ、ディグナーガに始まるとされた系譜に関して次のように述べている。

J 367,6-9: jīyān munīndramatavārttikabhāṣyakāraḥ
sākārasiddhinayaṇātakasūtradhāraḥ |
saṃsāranirvṛtipathaprathamānagarva-
sarvārivīraduratikramavikramaśrīḥ ||.

有形象の証明の理趣を演じる経[8]を保持し、驕りをもたず、一切の敬虔なものをもつ英雄であり、超えがたい力をもつ人である、牟尼尊の思想をもつ評釈者と註釈者が、輪廻と涅槃の道という第一のものを征服せんことを。

J 367,16-18: kathaṃ tarhi bhāṣyakāropajñam idam ucyata iti cet. nirākāra-diśānyair yojitatvāt, sattāmātrasthita ivānena prasādhita ity ucyate, na punas tasyaivopajñeti.

それなら、どうしてこれ〔＝有形象唯識説〕は註釈者（プラジュニャーカラグプタ）の考案と言われるのか、というならば、他の人々（無形象唯識論者）によって〔ダルマキールティは〕無形象唯識説に結びつけられたからである。〔有形象唯識説は、〕存在するだけのものとして確立していたが、彼（プラジュニャーカラグプタ）によって完成されたと言われる。

これらの二つの引用によって、ジュニャーナシュリーミトラが、ダルマキールティ、プラジュニャーカラグプタの系譜を有形象唯識思想家と位置付けていることが知られる。

3　中観派の系譜への言及

ジュニャーナシュリーミトラは上述した「1　瑜伽行派の系譜」の記述に続けて、中観派にも言及している。

J 506,9-10: āryanāgārjunapadānāṃ tu bhinnavaṃśatve 'pi sādhāraṇaiva sādhyatattvasthitir iti darśitam.

一方、聖ナーガールジュナ尊者が、〔瑜伽行派とは〕異なった系譜をもつとしても、証明されるべき実義の説は全く共通であると示された。

この一文によって、ジュニャーナシュリーミトラが瑜伽行派の系譜を中観派のそれと同一のものと見なそうとしている意図が確認される。すでにこのことは、本章冒頭において筧氏と久間博士の指摘によって、SS第６章「二不二章」とSSgの記述において確認したとおりであり、ここに中観派は瑜伽行派の統合が図られていることは明瞭である。

しかるに、ジュニャーナシュリーミトラはSS第６章において、ダルマキールティの援用をせず、代わって大乗の経論を引用して[9]、自説の有形象唯識説を立証しようとしている。では、ジュニャーナシュリーミトラはこれらを統合するために実際にはどのように述べているのであろうか。テキストと試訳を示そう。

J 473,20-24:

vicāravyasanaṃ yasya hastāmarśena tasya kim |
prītyā abhiyogaḥ kriyatāṃ kīrtivārtikabhāṣyayoḥ ||
śraddhāvaśatve 'pi varaṃ yuvarājanayāśrayaḥ |
āryanāgārjunādīnām api yatra vyavasthitiḥ ||

iti pratipādayiṣyate. āgamapāṭhāḥ punar avicāracaturasya puṇyamātraprasavahetava eva.

ある者Aにとって、〔あるものXに関する〕考察に対する執着(vicāravyasana) がある時、その者Aにとって、〔子どもに〕手で触れた者のもつ[10]喜びは必要ではない。〔考察の〕努力 (abhiyogaḥ)

は〔ダルマ〕キールティの評釈と〔プラジュニャーカラグプタの〕註釈においてなされるべきである。

〔その者Aが〕信の力をもつ者 (śraddhāvaśa) であるとしても、ユヴァラージャ[11]の理趣を拠り所 (āśraya) とするのが勝れている。

そこでもまた、聖ナーガールジュナ[12]等の確立がある。

と〔彼によって〕説かれるであろう。〔これらの二詩節を説明すれば、〕しかしながら、考察に巧みでない者 (avicāracatura) にとって、聖言の読誦 (āgamapāṭha)[13] が徳一般を生み出す諸原因にほかならないのである。

ここでは、少なくともこれらの四人の思想家が重視されていることは明らかであろう。しかるに、これらの四人はジュニャーナシュリーミトラによって皆同じ力点で捉えられているのであろうか。私はまだこの問いに対して明確な答えを提示できないが、ジュニャーナシュリーミトラがたとえ中観派と瑜伽行派の学説、さらに経量部説の統合を図ったとしても、そこに思想上の力点の違い、もしくは階層が設定されているのではないかということである。

たとえば、ジュニャーナシュリーミトラは自らの尊敬するプラジュニャーカラグプタを次のように見ている。

J 512, 5-9: tattvatas tu,

nāsatprakāśavapuṣā na ca sat tadanyair
　　ekena na dvitayam advitayaṃ na tābhyām |
itthaṃ jagad yadi caturśikharīviyuktaṃ
　　<u>ko bhāṣyakāramatamadhyamayor viśeṣaḥ</u> ||.

必ずしも理解の容易な詩節ではないが、下線部を読む限り、ここには註釈者プラジュニャーカラグプタと中道の区別がないと言われているようであ

る。しかるに、ジュニャーナシュリーミトラは、プラジュニャーカラグプタに先行するダルマキールティに対しては、続けて次のように述べている。

J 512,15: nāyakas tu vārttikakāra evātra yuvarājanītiprasādhanapade sampratīty abhivyaktam etat.
一方、指導者である、ほかならぬ評釈者（ダルマキールティ）は、ユヴァラージャの理趣を成立せしめる拠り所であるというこれは明らかである。

ユヴァラージャが、いわゆる古唯識の論師であるとして、ダルマキールティがその教義を成立させる拠り所であるという言明は一体如何なる事態を指すのであろうか。

この一節は、あるいは、「ユヴァラージャ」によって総称されるような瑜伽行派の古い論師の学説は、ダルマキールティの見解を通してのみ理解されるべきであるという意味に解釈すべきなのかもしれない。仮にこの解釈が正しければ、我々はこの一節が、本節冒頭に引き合いに出した「瑜伽行派の系譜への言及」と同様に、ジュニャーナシュリーミトラが仏教内部に併存すると見なしていた——そして、複合的な内実を有する——相承を統合することを意図したものであると指摘できるであろう[14]。

第２節　Yuvarājaについて
——ジュニャーナシュリーミトラの仏教思想——

1　問題設定

ジュニャーナシュリーミトラの SS 及び SSg において、yuvarāja（王子）

という名称によって呼ばれるものたちが十六箇所において言及されているが、今日までそのような人物名もしくはその作品がこの言及以外にインド仏教史において確認されるという報告はなかったようである。

J の校訂者 A. THAKUR は、yuvarāja を固有名と理解し、ディグナーガの associate の一人で、別名 Kumāranātha であるとし、さらに、ラトナキールティの言及する Rājakulapāda と同一人物であるかもしれないと考えている[15]。

問題の十六箇所の記述は次項ですべて列挙するが、箟無関氏は1981年の論文「ジュニャーナシュリーミトラによる有形象唯識学派の系譜―「YUVARĀJA」考―」（＝箟1981）において、ジュニャーナシュリーミトラの有形象知識論の確立が、ダルマキールティ以前の諸論書とどのように結びつくのか、その経緯を考察し、この名称が、「決して固有の人物を指すのではなく、主としてマイトレーヤとアサンガという ārya の称号を有する祖師におくられた、相承と言うには具体例の少ない、しかし宗教的憧憬を感じさせるものである」との結論を述べ[16]、その際、それらの十六の記述の中、まず [4] の例を取り上げて、ジュニャーナシュリーミトラが、彼自身の有形象知識論が正しく仏陀にまで系統づけられることを指摘しておられる。サンスクリット原文と箟氏の訳を示せば次のとおりである（〔 〕内は筆者による補足）。

> [4] J 483,3-4: asyāpi bhagavataivoktasya nītaneyavibhāgakāritayā tadvyākṛtair āryair <u>yuvarāja</u>prayantaiḥ.
>
> 〔これ（正しいヨーガーチャーラの見解）は〕世尊が説き、了義未了義の弁別者が解説し、Yuvarājaを最後とする諸聖人が受持し、諸学匠が仕上げたものである。

しかるに、この yuvarāja という名称で呼ばれるものは誰なのであろうか。THAKUR がこの名称を固有名と見なす根拠は、次の記述 [15] の SSg 第2

章のコロフォンであった。

[15] J 542,7-9: iti dharmakāyasvarūpacintāparyantapravacanam āryāsaṅga-yuvarājoktinirṇayo dvitīyaḥ.

下線部の記述をどのように解するかが問題となると思われる。これに関して、箟氏は「聖アサンガ及び聖ユヴァラージャ」と読むことに疑問を呈され、むしろ「王子の位にある聖アサンガ」と読み、しかもこの解釈を記述[4] の「Yuvarāja を最後とする諸聖人」(āryair yuvarājaprayantaiḥ) に適用して、「聖アサンガが古えの ārya たちの最後をかざる人物として高く評価されていることになって、ジュニャーナシュリーミトラの思想的傾向がうかがわれてくる」との理解を示しておられる[17]。

また、箟氏は、ジュニャーナシュリーミトラが瑜伽行派の系譜を示し、聖 (ārya) アサンガ–師 (ācārya) ヴァスバンドゥの相承をみて、聖者 (ārya) の掉尾を飾るのがアサンガであり、従ってまた yuvarāja であること、加えて、中観派への配慮も示していて、ここにジュニャーナシュリーミトラの祖師観が確認されるという[18]。

箟氏のこれらの考察は示唆に富み、そこから筆者は多くのことを学ばせていただいているが、箟 1981では、J における yuvarājaのすべての例が検討がなされているわけではない。本節は、従って、yuvarāja のすべての用例を検討して、それを幾分なりとも補足し、yuvarāja の説に関する理解を深めるとともに、それよって表されるジュニャーナシュリーミトラ自身の思想を探ることを目的としている。

2　yuvarājaの十六の用例

一体、ジュニャーナシュリーミトラは、この yuvarāja という名称を導入することによって何を描こうと意図したのであろうか。すなわち、この記述は、ジュニャーナシュリーミトラの思想の全体において、どのような意義を形作るのであろうか。

そしてそれは11世紀仏教衰退の時代に生きたジュニャーナシュリーミトラ自身において、どのように意識されたものであるのか、のみならず、逆にその意識はジュニャーナシュリーミトラという一人の仏教徒の生に、いかなる力を与えたであろうか。

我々は以下にまず、yuvarāja の用例をすべて列挙し、次にそれぞれの記述について若干の私見を提示したい。

なお、十六の用例において、[1]-[3] は SS 第5章 Svasaṃvedanapariccheda（「自己認識章」）、[4]-[11] は SS 第6章 Ubhayādvaitapariccheda（「二不二章」）、[12] 及び [13]は SSg 第1章、[14] 及び [15]は SSg 第2章、[16] は SSg 第3章における記述である。

[1] J 405,14-17: tatraiva hetuparatantravicitrarūpe yat kalpitaṃ grahaṇakarma cakarth cāsat |
tasyaiva tad dvayavivekivid ekarūpaṃ niṣpannam āha parito yuvarājarājaḥ ||

[2] J 432,15-16: yadi tu khyātir ākārasyāsato 'bhimatā bhavet |
yauvarājakarājasya muneḥ sambhoga ity asat ||

[3] J 473,20-24: vicāravyasanaṃ yasya hastāmarśena tasya kim |
prītyā abhiyogaḥ kriyatāṃ kīrtivārtikabhāṣyayoḥ ||
śraddhāvaśatve 'pi varaṃ yuvarājanayāśrayaḥ |
āryanāgārjunādīnām api yatra vyavasthitiḥ ||
iti pratipādayiṣyate. āgamapāṭhāḥ punar avicāracaturasya puṇyamātraprasavahetava eva.

[4] J 483,3-4: asyāpi bhagavataivoktasya nītaneyavibhāgakāritayā tadvyākṛtair āryair yuvarājaprayantaiḥ.

[5] J 488,7-11: sanmadhyamākhyā pratipac ca saivety uvāca madhyāntavibhāga-

śāstre I

sākṣād akalpaṃ yuvarājamauliḥ kim atra pāṇḍityapariśrameṇa II

tasmād iyam eva sthitir madhyamā yogācāranayaś ca vastuta iti.

[6] J 489,10-11: tasmād yuvarājarucitaivāryāṇāṃ madhyameti sthitam II

[7] J 501,3-7: kiṃ ca, dvayor api sāmarthyasthitau yadā dvayaśūnyatām eva dharmadhātuṃ dharmakāyāparanāmikām icchet, yuvarājānurodhād vā yathā darśitaṃ prāk, sampraty eva brahmapadadṛṣṭāntād vā, tadā kāyaś ca turyo bhavet śraddheya eva nirmā.nasya pṛthaktvāt.

[8] J 502,3-8: tato yadi pravacanaprakīrṇārthasaṅkalanam eva yuvarājanītiḥ,

tadāsphuṭatarārthagatir vacasām iyaṃ prakaraṇāntarasaṅgatir īdṛśī I

pramitibhedabalaṃ ca vicintitaṃ vivṛtayas tu bhavantu yathāruci II

tasmān na nirākāravādavārtāpi I.

[9] J 509,17-18: tathā hi, yuvarājaprabhṛtibhiḥ sākāravāditayā ākṣipta uktaś ca sākṣāt I vārtikakāreṇa ca sādhito 'yaṃ citrādvaitavādaḥ I tadbhāṣyakāraś ca dūṣyate I.

[10] J 510,24-25: apūrvo 'yaṃ śūnyatāvāda iti cet I yuvarājenaikena darśite 'vāntarapramāṇapuruṣasaṃvādo 'py atiricyate, kim anyasāhāyakena.

[11] J 512,15: nāyakas tu vārtikakāra evātra yuvarājanītiprasādhanapade sampratītyabhivyaktam etat I.

[12] J 515,8-11: sākāretaramadhyamāsu kṛtinām utthāpya nānāvidhā vikrāntīr yuvarājanāyakanaye vyakte mamāyaṃ bharaḥ I

śrīnāgārjunapādasaṃmatipade bhāṣyāntimair varṇite tannyūnādhikacintanāya saphale madhyasthabuddheḥ śramaḥ II2II

[13] J 516,5-8: yuktyāgamoktiyuvarājanayānugo 'yam adhveti sākṛtinaye nihitaḥ pravādaḥ I

vādasthitāv iva vivādimatakrameṇa lekhāvidhes tu sa nayo 'jani viprakīrṇaḥ II7II

[14] J 538,13-14: yuvarājanayenaitad virodhīty upapāditam I

tathāpi yadi carcāyāṃ kautukaṃ kiñcid ucyate II112II

[15] J 542,7-9: iti dharmakāyasvarūpacintāparyantapravacanam āryāsaṅgayuvarājoktinirṇayo dvitīyaḥ |.

[16] J 548,7-10: dharmānusāro yadi varṇas te pramāṇaśāstraikaparāyaṇaḥ syāḥ | śraddhānusāre tu mahājanīyaṛ sabhājanīyo yuvarājarājaḥ ||60||

3　用例の検討

以上が、ジュニャーナシュリーミトラが言及する yuvarāja の用例のすべてであるが、これらの例によって、yuvarāja がある特定の一人の思想家ではなく、むしろ主としてマイトレーヤとアサンガという ārya の称号を有する祖師たちを指すのか、筧氏の見解を参考として、yuvarāja の意味するところを論じたい。

[1] は、おそらく『中辺分別論』第1章第1偈をジュニャーナシュリーミトラの仕方で言い換えたものであろう。その著者をここでは「王子の王 (yuvarāja-rāja)」と呼んだのだと思われる。

[2] は、yauvarājakarājaという表現ではあるが、意味は yuvarāja-rāja と同様であると思われる。ここでも [1] と同じように、『中辺分別論』が言及されているが、[2] の場合には、「王子の王である牟尼（muni）」と呼ばれている点が注目される。

[3] は、すでに本書第1節において取り扱った記述であるが、この記述において、ダルマキールティ、プラジュニャーカラグプタ、yuvarāja、ナーガールジュナという四人の仏教思想家が列挙され、一括して言及されていることが注目される。

なお、ここでは、“yuvarājanaya”「ユヴァラージャの naya」と言われていることが気に掛かる。ジュニャーナシュリーミトラは、同様の表現を [8] [11] [12] [13] [14] において用いているが、このような naya もしくは nīti の用法に関して言えば、次のようなジュニャーナシュリーミトラの記述が想起される。

J 498,22-26:

nirākṛtāyam iti saṃvidākṛtau na *mantranītir* na ca *pāramīnayaḥ* |

tad astu saiva sthitir astadūṣaṇā manojñatā svarguṇaratnabhūṣaṇā ||.

認識の形象が否定されるならば、真言理趣 (mantranīti) も波羅蜜理趣 (pāramīnaya) も存在しない。したがって、論破が捨てられ、太陽の功徳をもつ宝によって飾られた、美しい、他ならぬそれ〔＝形象〕の確立があるべきである。

ここでジュニャーナシュリーミトラは、真言と波羅蜜を naya もしくは nīti によって対比的に述べているが、後代の論書において、真言と波羅蜜が密教と顕教という意味での対概念として用いられることは、たとえばアドヴァヤヴァジュラ『真理の宝環』*Tattvaratnāvali* における次のような記述によっても知られるとおりである[19]。

mahāyānaṃ ca dvividhaṃ, pāramitānayo mantranayaś ca.

また、大乗は二種である。波羅蜜理趣と真言理趣である。

これらの二つの記述によって、ある思想を奉じる潮流が naya もしくは nīti の語によって表されたとみるならば、ジュニャーナシュリーミトラが、yuvarāja の名称の後に naya もしくは nīti の語を付すことによって、yuvarāja の潮流を描こうとしていた意図を読み取ることが可能なのではないか。もしこのように考えることができるならば、yuvarāja とは、真言でも波羅蜜でもない、ジュニャーナシュリーミトラの独創による仏教の一つの潮流の名称であると見なし得るのではないであろうか[20]。

[4] は、上述したように、筧氏によって取り上げられているとおりである。

[5] は、『中辺分別論』第１章第２偈が引用された後に言及された記述で、

この偈を述べたのが、箕氏の訳語によれば「王子の長たるもの」と呼ばれている。しかし「王子の長たるもの[21]」が、一人の人物であるとするならば、ここで yuvarāja はある特定の人物を指す固有名ではないようである。

[6] は、yuvarāja と「聖者たち」(ārya) が一応区別されている点が注目される。すなわち、yuvarāja の同意を得たものが「聖者たち」(ārya) の「中〔道〕」と述べられているが、ここで「聖者たち」(ārya) とは誰であろうか。すでに [15] の「聖アサンガ」、及び [3] の「聖ナーガールジュナ」という記述のあることをみたが、さらに「聖ナーガールジュナ」の記述は、J 477,18、J 503,7、J 506,9にも確認される。

しかるに、[6] の「聖者たち」を「聖ナーガールジュナ」とみてよいとすれば、「聖ナーガールジュナ」の中道の思想は、yuvarāja を権威としなければならないであろう。これがジュニャーナシュリーミトラの意図であろうか。yuvarāja と ārya の対比的な用語法が注意されると思われる。

[7] は、仏身論に関する一説で、『宝性論』第２章第53偈もしくは第４章54偈に言及される文脈における記述である。

[8] は、筆者はいまだ文脈を十全に把握するに至っていないが、[3] に述べたように、yuvarāja の潮流がジュニャーナシュリーミトラによって意図されていると思われる。

[9] は、有形象論者としての言明が問題とされる文脈において、「yuvarāja を始めとする人々 (prabhṛti)」と呼ばれるものが言及される。この記述によるならば、yuvarāja は、この人々の代表者を表すものであって、ある一群のグループとは見なし難いことになる。

なお、この表現に関しては、pūrvācārya をめぐってなされた*Abhidharmakośavyākhyā* における「聖アサンガを始めとする (prabhṛti) Yogācāra たち」の記述が直ちに想起される[22]。しかしながら、何らかの関連を考えることが可能かどうかは今のところ判断し難い。

[10] は、空性説に関連するもので、yuvarāja が「一者」(eka)と呼ばれることが注意される。

[11] は、すでに論じたように[23]、仮に yuvarāja によって総称されるような瑜伽行派の古い論師の学説は、ダルマキールティの見解を通してのみ理解されるという意味で解釈が可能は一節である。仮にこの解釈が正しければ、ジュニャーナシュリーミトラが仏教内部に併存すると見なしていた——そして、複合的な内実を有する——相承を統合することを意図したものであると指摘できると思われる。

[12] は、yuvarāja と nāyaka の naya という記述があるが、yuva-rāja-naya もしくは yuvarāja-nīti に nāyaka すなわち、[11] に基づいてダルマキールティが一つの潮流の元に位置付けられている点は注目に値する。

なお、[12] に関連して、次の SS の記述は、yuvarāja がマイトレーヤを指すこと、及びその nāyaka との関係を示す点で重要であると思われる。

> J 498,5-6: āryamaitreyanāyakanāyatikrme hi kīdṛśī bauddhatattvasthitiḥ.
> 実に、聖マイトレーヤと指導者 (nāyaka) の理趣 (naya) を超えるならば、一体どのような仏教の実義の説があろうか[24]。

[13] 及び [14] は、同様に yuvarāja-naya の記述が注目される。

[15] は、上述したように筧氏によって論じられた記述であり、複合語 āryāsaṅgayuvarāja の解釈が問題となるであろう。

[16] は、[1] と同じ「王子の王」yuvarāja-rāja の例であるが、法と信が対比的に述べられる中で、後者に関して「王子の王」が引き合いに出されている。

4　結びにかえて

以上、J において言及される yuvarāja の十六の用例を概観したが、これらは次の三通りに分類できるであろう。

(a) 牟尼に言及する記述（3例）

[1] yuvarājarājaḥ, [2] yauvarājakarājasya, [16] yuvarjarājaḥ

(b) マイトレーヤに直接的か個別的に、もしくはマイトレーヤを始めとする人々に言及する記述（7例）

[4] āryair yuvarājaparyantaiḥ, [5] yuvarājamauliḥ, [6] yuvarājarucitā, [7] yuvarājānurodhād, [9] yuvarājaprabhṛtibhiḥ, [10] yuvarājenaikena, [15] āryāsaṅgayuvarājoktinirṇayo

(c) yuvarāja-naya/ -nīti に関連する記述（6例）

[3] yuvarājanaya, [8] yuvarājanītiḥ, [11] yuvarājanīti, [12] yuvarājanāyakanaya, [13] yuktyāgamoktiyuvarājanayānugo, [14] yuvarājanayena

寛氏が指摘したように yuvarāja という名称は「決して固有の人物を指すのではなく、主としてマイトレーヤとアサンガという ārya の称号を有する祖師におくられた」ものとは必ずしも見なし得ない例も確認される。ある場合には、『中辺分別論』の著者としてマイトレーヤを指すようであり、ある場合には、聖アサンガであるようであり、また他の場合には、マイトレーヤ・アサンガの相承を含むもののようであり、その用法は必ずしも一定しているとは言い難い。

個々の例を概観する限り、少なくとも、全十六の例の中、五箇所において、yuvarāja-naya もしくは yuvarāja-nīti が認められることは、[3] において述べたような観点から注目に値するものである。

しかるに、ジュニャーナシュリーミトラが、仏教が衰退する11世紀のインドの歴史的状況に対してどのように生きたのか今日の我々が知ることは至難であろう。しかし、仮に仏教徒であるジュニャーナシュリーミトラがそれを自己の生の問題として引き受けていたとするならば、正に自分の生きる時代に、yuvarāja という新しい名称が冠せられた仏教の一つの潮流を創唱しようとしたとみることができると思われる[25]。

第3節　ジュニャーナシュリーミトラと『宝性論』[26]

1　問題の所在

前節で考察したとおり、ジュニャーナシュリーミトラは、SS において、yuvarāja（王子）という語によって瑜伽行派の祖とみなされるマイトレーヤ自身、もしくはマイトレーヤ–アサンガの相承を含むものを示していると考えられるが[27]、その関連において『宝性論』*Ratnagotravibhāga* (RG) 第４章「仏業」で説かれる九喩の第４「梵天の比喩」を引き合いに出している。この一節はSS 第６章「二不二章」における仏身論に関する議論であるが[28]、本節では yuvarāja に関連して『宝性論』を取り上げるジュニャーナシュリーミトラの意図を探るため、この SS の一節に関して解釈を示すことを試みたい。

2　本文と『宝性論』第４章第53–54偈の解釈

問題となるSSの一節を引用しよう。

[1] J 501,3-7: kiṃ ca, dvayor api sāmarthyasthitau yadā dvayaśūnyatām eva dharmadhātuṃ dharmakāyāparanāmikām icchet, yuvarājānurodhād vā yathā darśitaṃ prāk, sampraty eva brahmapadadṛṣṭāntād vā, tadā

kāyaś ca turyo bhavet

śraddheya eva nirmāṇasya pṛthaktvāt. sā ca dvayaśūnyatā saṃbhogasyaiva saṃbandhābhidhānāt, tasyaiva dharmasaṃbhogāvicchedapratipādanāc ca. na hi svasaṃvedanād anyā saṃbhuktiḥ.

さらにまた、二つの能力が設定されるとしても[29]、前に示された通り yuvarāja に従うことに基づいて、あるいは、正に今、梵天の住処の比

喩に基づいて、法界が、法身を別の名称とする二の空性にほかならないと望む時、その時には、

また、身は第四のものとなるであろう。

信じられるべきものにおいてのみ、変化〔身〕は別異のものであるが故に。また、ほかならぬ受用〔身〕とは、かの二の空性である。結合の能詮であるから。そして、その同じ〔受用身〕は、法の受用の妨げがないことを示すからである。というのは、受用することは自己認識から別ではないからである。

まず、ここに言及される「梵天の比喩」を説く『宝性論』第4章第53–54偈をジュニャーナシュリーミトラは SS の記述 [1] に先立って引用している（J 499,9-12 参照）。『宝性論』ではさらにこの二偈に加えて詳しく記述されるが、今この二つの偈をサンスクリットテキスト、高崎直道博士の和訳によって示せば次の通りである[30]。

[2] RG 107,2-3: sarvatra devabhavane brāhmyād avicalan padāt | pratibhāsaṃ yathā brahmā darśayaty aprayatnataḥ ||53||

（高崎訳）たとえば梵天は、梵天宮から動くことなく、何処であれ神々の宮居に、努力せずにその身を示現する。〔53〕

[3] RG 107,4-5: tadvan munir anābhogān nirmāṇaiḥ sarvadhātusu | dharmakāyād avicalan bhavyānām eti darśanam ||54||

（高崎訳）それと同様に、牟尼は任運に、一切の世界において、法身から動くことなく、幸ある者たちの前に、化身を以て示現する。〔54〕

これらの偈は仏の色身の働きを述べるものであるが、高崎博士によって指摘されているように[31]、この「梵天の比喩」を含む九喩が『智光明荘厳経』*Jñānālokālaṃkārasūtra* における不生不滅なる如来の世間における働きの説明に基づいていることは『宝性論』において述べられているとおりであり、

『宝性論』自身の説くところでは「梵天の比喩」に対し「変現 (vikṛti)」の教理的意味付けがなされている[32]。

しかるに、ジュニャーナシュリーミトラは記述 [2] について次のように述べて自己の解釈を示している。

[4] J 500,8: tatra hi brahmaiva paramārthasan. tatpadaṃ tu prajñaptisad eva.
実に、そこにおいて[33]、梵天だけが勝義有である。一方、その住処は仮設有にほかならない。

ここで、ジュニャーナシュリーミトラは「梵天」が勝義有、「梵天宮」すなわち梵天の住処が仮設有であると述べているが、この解釈を記述 [3] に適用すれば、「牟尼」が勝義有であり、「法身」が仮設有と考えられていることは明らかであろう。

したがって、記述 [1] における「法身」も仮設有であるとみなしてよいであろうが、ここで「法身」は、必ず二の空性でなければならないものであり (dvayaśūnyatām eva)、そして「法界」の別名であるとされている。すなわち、この記述 [1] によれば、法身＝法界の二者が、二の空性という条件のもとにおいてイコールで結び付けられていると見なし得るのである。その法界を、

a) 「前に示された通り yuvarāja に従うことに基づいて」

b) あるいは、「正に今、梵天の住処の比喩に基づいて」

という二つの根拠によって、ある人が「望む時」、「また、身は第四のものとなるであろう」というのが記述 [1] 前半の趣旨であると思われる。

ただし、この前半の主語に関して言えば、ある特定の誰かがそのように望んでいるのか、あるいは一般にそのように望まれる時、という程度の意味なのか、ジュニャーナシュリーミトラが述べていないため特定し難い。加えて、帰結を示す「また、身は第四のものとなるであろう」という文章も、簡潔過ぎて意味が必ずしも明瞭ではない[34]。

3　『大乗荘厳経論』との関連

記述 [2]−[3] の「梵天の比喩」はこの文脈に於いて引き合いに出されているものであるが、一体ジュニャーナシュリーミトラはこれによって何を意図したのであろうか。

今、文意が必ずしも明瞭ではないが、少なくとも、記述 [2] 前半において指摘し得ることは、「yuvarāja に従うこと」と「梵天の比喩」が、必ず二の空性であり、法身でもある「法界」との粗雑にして緊密な連関を示しているということである。

すなわち、「yuvarāja に従うこと」によって法身＝法界との粗雑な連関が、他方、「梵天の比喩」によって法身＝法界との緊密な連関が示されていると思われる。特に後者について言えば、「正に今 (sampraty eva) 」の語句が記述 [1] の直前に引用された記述 [2]−[3] を指示することで、法身＝法界との緊密な連関が強く示唆されているであろうと思われる。

しかるに、記述 [1] の後半は、その前半のいわば解説になっているようである。すなわち、三身説の基本的なあり方がここに説かれていると思われる。「信じられるべきもの」とは信 (śraddhā) の対象である法身もしくは法界を指すと思われるが[35]、その法身を基盤としてのみ、変化身は「別異のもの」すなわち多なるものであるとされる。また受用身に関して重要なのは「そして、その同じ〔受用身〕は、法の受用の妨げがないことを示すからである」の一文が、『大乗荘厳経論』*Mahāyānasūtrālaṃkāra* (MSA) IX.66に対する Bhāṣya からほぼ同じ形で引用したものであることであろう。この『大乗荘厳経論』の箇所をジュニャーナシュリーミトラはすでに J 496,5-8 に引用しているが[36]、彼の三身説理解の典拠の一つを示す点で注目に値すると思われる。

4　結びにかえて

b)「梵天の比喩」に関してはおおよそ以上のように考えられるが、この前に述べられている a)「前に示された通り yuvarāja に従うことに基づいて」の意味について若干私見を述べておきたい。簡潔な記述であり文意を明らかにするのは必ずしも容易なことではないが、しかし少なくとも、今述べたように、記述 [1] では「yuvarāja に従うこと」が、法身、二の空性、法界に結び付けられていることは指摘できると思われる。これは、三身説に関連して、『宝性論』第４章「仏業」で説かれる九喩の第四「梵天」を引き合いに出し、教理上限定的な意味で「変現 (vikṛti)」を説いたのとは対比的である。

しかるに、問題なのは、何故ここに yuvarāja が法身、二の空性、法界との関連で論及されているかということである。すでに私は本書第２節において、yuvarāja がマイトレーヤ自身、もしくはマイトレーヤ–アサンガの相承を含むものを指すことを提示したが、「yuvarāja に従うこと」とは「マイトレーヤの思想もしくは作品内容に従うこと」という意味であろう。換言すれば、「yuvarāja に従うこと」とは、法身＝法界との粗雑な、しかし正にそれ故に法界との包括的な連関を示す徴表もしくは符牒としての意味でここに用いられていると読めるかもしれない。

後代のチベットにおいて「マイトレーヤの五法」と呼ばれる典籍群の一つとして『宝性論』が挙げられることが知られるが[37]、ジュニャーナシュリーミトラは SS 第６章において、『中辺分別論』に始まり順次『大乗荘厳経論』『現観荘厳論』『宝性論』を幾度も引用し、SS 第３章においては『法法性分別論』にも言及している。言うまでもなく、これらの五つの典籍が「マイトレーヤの五法」に挙げられるもので、ここに我々はジュニャーナシュリーミトラの引用と「マイトレーヤの五法」に挙げられる典籍に驚くべき一致を見るのである。

ジュニャーナシュリーミトラの引用文献は、「マイトレーヤの五法」の成立に影響を与えたインドの歴史的状況において重視されていた典籍もしくはその思想傾向の一端を指し示すものかもしれず、yuvarājaもそれらの典籍群の総称のようなものと言ってよいかもしれない。しかし、奇妙なのは、ジュニャーナシュリーミトラがこのようにマイトレーヤ著とされる諸作品を多く引用しているにもかかわらず、SS にはマイトレーヤの固有名が一度もしくは二度しか用いられていないことである[38]。ジュニャーナシュリーミトラが果たしてマイトレーヤの名称を隠さなければならないような何らかの理由があったのか否か明らかではないが、ジュニャーナシュリーミトラが如来蔵思想に対しいかなる見解を有していたかが問題となるであろう[39]。

第4節　ジュニャーナシュリーミトラの自己認識説

1　ジュニャーナシュリーミトラの基本的な思想的立場

まず、ジュニャーナシュリーミトラの基本的な思想的立場を表す記述を示しておこう。

[1] J 405,18-23: tasmān na mukhyapramāṇāgamaśāstrabādhā kācit sākāranaye. nāpy alīkatvam ākārāṇām arthasāmarthyasya samarthitatvād iti. astu vālīkatāpi, bhramanāmamātraṃ vā. na tu tattvataḥ saṅkleśasaṅgatiḥ, svasaṃvedanapracyuter abhāvāt, parāropavyavasthāvirahāt. sarvadā muktā eva sarvadehina iti dīrghābhyāsaprabandhapratibandhaḥ. svahetor hi svasaṃvedanarūpasyotpannasya na pareṇa śaktimatāpy anyathākartuṃ śakyam, kiṃ punar alīkābhimatena. svahetor ekībhūyotpattau ca bhavatu tasya rūpam abhinnavedanam.

それ故に、有形象の理趣 (sākāranaya) において、第一義的なものである量と聖言と論書に対する無効因はいかなるものも存在しない。諸形象が虚偽であるということもない。果を〔生じる〕能力は妥当なものとせしめられるから。或いは、〔諸形象は〕虚偽であること、或いは迷乱と名称のみであるとしよう。しかし、実義として、〔諸形象が〕雑染と結びつくことがあるということはない。自己認識が否定されることはないから、他のものの増益の設定を欠いているからである。「一切時に、一切の人々が解脱したものにほかならない[40]」というのは、長い数習の連続を妨げるのである。何故なら、自己の原因から生じた自己認識の形象は、〔識以外の〕別の能力をもつものによっても、別様なものとすることはできないからである。まして、〔諸形象を〕虚偽なものと誤って考えられたものによっては尚更である。また、〔諸形象が〕自己の原因から、一つのものとなって生じるならば、それ〔＝自己認識〕の形象は、認識と異なっていないものである。

ここにジュニャーナシュリーミトラの依って立つ「有形象の理趣」において、形象は虚偽ではなく、また自己認識は決して否定されないという主旨が述べられている。しかるに、この記述では、形象は実義として雑染と結びつくことはなく、しかもそれは自己認識の形象であると言われている。自己認識の形象とは、厳密に言えば、自己認識された青等の形象であるから、そのような形象が有形象唯識説において否定され得ないことは言うまでもないが、ジュニャーナシュリーミトラはさらにこの趣旨を次のように述べている。

[2] J 392,5: tato na tattvatas tasya bādhā.
それ故に、実義として、それ〔＝形象〕に対する無効因は存在しない。

[3] J 477,8-10: vyaktam etat ṣaḍindriyavijñānagocarābhimatā ākārā na niṣidhyante svasaṃviditatvāt kalpitasyaiva tu niṣedha iti. kathaṃ tarhi svasaṃvedananiṣedha eṣām.

六根と識の対象領域であると承認された (ṣaḍindriyavijñānagocarābhimata) 諸形象 (ākāra) は否定されない。自己認識されたものであるが故に。しかし、分別されたもの (kalpita) だけに対して否定がある。」ということは明瞭である。しかるに、これら〔諸形象〕に対して、自己認識による否定 (svasaṃvedananiṣedha) が一体どうしてあろうか。

[4] J 489,17-18: sarvatraiva prasādhanāt | svasaṃvedanarūpasya bhramabhāvavirodhinaḥ ||.
ほかならぬ一切のところにおいて、迷乱性と矛盾する自己認識の形象が証明されるから。

記述 [2] [3] では、実義として、形象に無効因も否定もないこと、記述 [4] では、一切のところにおいて、自己認識された形象が迷乱していないことが述べられている。記述 [4] は、無形象唯識説が説かれる PPU において、形象が迷乱によって生み出されたものと述べられていることと全く相反する趣旨であることに注目しておく必要があると思われる[41]。すなわち、すでに諸研究において指摘されているように、ラトナーカラシャーンティの無形象唯識説では、自己認識を「照明のみ」(prakāśamātra) と見なし、認識に伴う虚偽にして非実在と考えるのに対し、ジュニャーナシュリーミトラが主張する有形象唯識説では、自己認識される青等の形象を真実にして実在とみなすのである[42]。しかもジュニャーナシュリーミトラは、そのような真実な形象が顕現しつつあることを自己認識と考えている。また、後に述べるように、ジュニャーナシュリーミトラはその際、そのような形象だけが実在すると説くのではなく、認識の主観的側面である「照明のみ」をも同時に認めるのであって、形象のみが実在すると説くことによって自己認識を表しているわけではないと思われる。

ところで、ある思想家が有形象唯識説と無形象唯識説のいずれの立場に立つかを確定するには、その思想家が形象について述べる記述を調べる以外に、松本史朗博士の研究によって明らかにされた次のような方法があった[43]。すなわち、ダルマキールティによって *Pramāṇaviniścaya* において提示された“sahopalambhaniyama”という証因によって証明されるべき属性の一つである、形象と知の無区別性 (abheda) の“a-”が、相対否定 (paryudāsa) によって解されれば同一性が肯定されるから有形象唯識派であり、動詞否定 (prasajya-pratiṣedha) によって解されれば、単に区別が否定されるのみであるから無形象派であると規定し得るというものである。ジュニャーナシュリーミトラは極めて簡潔な表現で自らの形象に関する考えを述べているけれども[44]、この二種の否定によっても、自己の思想的立場を表明している。

[5] J 389,3-4: athābhedena pratītiḥ. adyāpi paryudāsapakṣe aikyapratītir evoktā bhavati pratyuktā ca |.

（反論）もしまた、無区別性によって認識がある、というならば、（答論）今も、相対否定が主張されるとき、同一性の認識だけが言われ、また答えられたものとなるのである。

[6] J 494,8-9: yadā tāvat paryudāsaḥ, yathoktam ya eva hi dvayābhāsatayā bhāvaḥ sa eva dvayābhāva iti, tadā na svasaṃvedanena grahābhāvaśaṃkā.

まず、実に何であれ〔所取と能取の〕二つの顕現をもつものとして有であるもの、ほかならぬそれは〔所取と能取の〕二つの無をもつと言われるように、相対否定がある時、その時には、自己認識による把捉が存在しないことに関する懸念があるということはない。

記述 [5] でジュニャーナシュリーミトラは無区別性を相対否定によって解釈し同一性を導出し、さらに記述 [6] において、そのような相対否定を主張することによって有形象唯識説が意図されているから、自己認識による把捉が存在しないこと、つまり自己認識される青等の形象の無に関する懸念はないと述べるのである。無形象唯識説においては、形象の存在性が否定されるのに対し、記述 [6] ではそのような否定に関する懸念が排除されている。例えば、無形象唯識説を説く PPU において「照明のみ (prakāśamātra)」こそが積極的に唱えられるが、SS では無論 prakāśa という概念は肯定されるけれども、しばしば形象の存在性が重点的に考察されるのである。これは無形象唯識説との議論のみならず、次のような中観派との議論においても同様である。

[7] J 474,5-14: atha vicārākṣamataiva śūnyatārthaḥ, tadā vicāro nāma saṃvṛty-āśrayas tatra ca niyamena pramāṇāvatāre na svasaṃvittim antareṇa pratyakṣā-ntaram anumānaṃ vā, svarūpasattayaiva viyogaprasaṅgāt. nāpi dharmi-dharmādipratipattir iti saṃvṛttau niyatasvākārāyāḥ svasaṃvidaḥ prameya-pramāṇāntaravad bādhānupapatteḥ sthiter eveti na sāṃvṛtatvaviśeṣaṇāvakāśaḥ.

yathā yathārthāś cintyante vivicyante tathā tathā |[1]

svayaṃ tu vittiś chāyeva dhāvato duratikramā ||

tataś ca svasaṃviditarūpasya kīdṛśī vicārākṣamatā. kiyanto hi vicārāḥ pravartanām, na tu nīlaprakāśasya prakāśatā nīlatā vātipātamātram, nāpy aprakāśadharmāntaraṃ paricayaviṣayaḥ.

[1] yathā . . . tathā. ≈ PV III 209cd: yathā yathārthāś cintyante viśīryante tathā tathā |.

（対論者）考察に耐えないこと (vicārākṣamatā) だけが、空性の意味である。

（著者）考察とは世俗を所依とするのである。しかるに、その場合、確かに量に入るならば、自己認識なしには、別の現量、あるいは比量は存在しない。ほかならぬ自己の形象の存在性 (svarūpasattā) を欠くという過失に陥るから。基体と属性等の認識もないのである。というわけで、世俗において、特定の自己の諸形象をもつ自己認識に対して、別の所量と量のように無効にすることは成り立たないから、〔自己認識は〕正に確立しているからである。というわけで、世俗的なものであることという限定語が入る余地 (sāṃvṛtatva-viśeṣaṇāvakāśa) はない。

> 諸対象が考察される時に、そのようにそのように破砕される。しかし、認識 (vitti) は、影のように、自ら走り去るものを越え難いのである。

また、それ故に、自己認識された形象 (svasaṃviditarūpa) にとって、いかなる考察に耐えないことがあろうか。実に、どれほどの諸々の考察が起こるべきであろうか。しかし、青の顕現の顕現性、あるいは青性が行き過ぎのみであるということはない。顕現していない別の属性が考察の対象である、ということもない。

この記述の反論者は中観派と想定してよいであろう。中観派は無形象唯識説と異なり、形象のみならず知をも否定する。これに対しジュニャーナシュリーミトラは、知の本質である自己認識と自己認識された形象に無効因がないことをここでも繰り返し主張している。

しかるに、記述 [7] において、「自己の形象の存在性 (svarūpasattā)」「青の顕現の顕現性、あるいは青性 (nīlaprakāśasya prakāśatā nīlatā vā)」という表現の仕方には注意する必要があるようである。いずれも形象の真実性を表そうとするものであるが、この問題をめぐっては次のような二つの議論が SS においてなされていると思われる。一つは prakāśa の概念および語義をめぐる問題であり、もう一つは「顕現」の存在性の問題である。この二つの問題は互いに連関をもっているが、まず前者の問題について考察しよう。

すでに述べたように、ラトナーカラシャーンティが無形象唯識説を主張する時、彼は「照明のみ」を標榜した。これはしかし、ラトナーカラシャーンティのみが認めることではなく、ジュニャーナシュリーミトラもまた同意するのであって、この点ではこの両者に相違はないと見なし得る。ただし重要なのは、ラトナーカラシャーンティが特に「照明のみ」に立脚して自説を展開するのに対し、ジュニャーナシュリーミトラはおそらく知の有形象性を確立するために、prakāśa の「照明」と「顕現」という二義性に着目し、後に述べるようにそれを様々に表現しながら、自説を表明しているように思われる。北原裕全氏はラトナキールティ Ratnakīrti の多様不二論を論じるに際し、「ジュニャーナシュリーミトラが〈現に照明しているものであること〉を識知の有形象性を証する証因として用い、形象群の単一一体性を証するにあたっては〈顕現しているものであること〉を証因に用いている」と述べ（北原1996: 9）、ジュニャーナシュリーミトラの *Advaitabinduprakaraṇa*（『不二一滴論』）と SSg から、これら二つのケースの論証式を導き出した上で、prakāśa の語義について次のように述べている。

> 照明 “prakāśa” はインド哲学一般に認識作用の本質と見做されているものといえるから、ジュニャーナシュリーミトラはこれを、青など形象と言われるもの〔中略〕が実は識知にほかならないということを証す証因に用いたのであろう。それに対して顕現 “pratibhāsa” は、視覚についていえばものが「見えている」と言うことなのであるが、形象論的に言えば、形象をもって顕れることを言うのだと考えられる。もっとも有相説では、照明するというのは形象が顕れることにほかならないのだから、一般には “prakāśa” と “pratibhāsa” は概念の異なるものなのであり、有相論者による用法も、当然に他学派との対論を想定した上でニュアンスの異なるものとして使い分けていることが予想される。（北原1996: 10）

さらに北原氏は「「照明」prakāśa は認識対象に相対する作用であるのはもちろんのこと、形象をもってあらわれ見聞きできることを意味する「顕現」に比べても、認識の本質により近い事象であると考えられる」と述べ、一般的な prakāśa に認識作用の意味を付与し、例えばジュニャーナシュリーミトラが「照明しているものであること (prakāśamānatā)」を用いて青等の形象が知自身であることを論証していると述べておられる(北原1996: 19)。

しかるに、この問題に関し久間泰賢博士は、prakāśa が「照明」のみならず pratibhāsa と同義としての「顕現」という二つの意味を持っていることを指摘した上で、存在性との関連を考慮するならば、pratibhāsa と同義語としての、すなわち「顕現」としての prakāśa を存在性と結び付ける方が妥当であると述べておられる(久間 2002: 529)。久間博士の見解に同意したい。ジュニャーナシュリーミトラは、知と形象が異ならないこと(同一性)を論証するとき、prakāśa を「顕現」と理解していたのであり、従って、先に北原氏によって言及された prakāśamānatā はむしろ「顕現しつつあること」と解釈すべきであろう。例えば、ジュニャーナシュリーミトラは prakāśamāna という語を用いて次のように述べている。

> [8] J 397,11: na ca prakāśamānasyāsattvam iti.
> しかるに、顕現しつつあるものが存在しない、ということはない。

> [9] J 448,17-18: prakāśamānasya tu sattāpahnavo mā bhūd.
> 一方、顕現しつつあるものの存在性の否定はあってはならない。

> [10] J 467,22: tasmāt prakāśamānasya na bādho nāma kaścana ||.
> それ故に、顕現しつつあるものにとって、無効因というのは、いかなるものも存在しない。

いずれの記述も「顕現しつつあるもの」の存在性の肯定を意図したものであろう。しかるに、ジュニャーナシュリーミトラにおいて、prakāśamānatā は「顕現しつつあること」と解釈されるべきであるとはいえ、ジュニャーナシュリーミトラが prakāśa の「照明」という意味を否定していたというわけではないであろう。ジュニャーナシュリーミトラの唯識説を論じるとき大切なのは、その所説が自己とは異なる思想的立場との議論において表明されているという点である。従って、ジュニャーナシュリーミトラの思想的立場の、無形象唯識説との対立的な関係を考慮し、久間博士が指摘したとおり、ジュニャーナシュリーミトラが prakāśa を存在性との関連で述べるとき、その意味は「顕現」と解釈するべきであると思われる。

prakāśa によって存在性が論じられるジュニャーナシュリーミトラの記述は久間博士によってすでに指摘されている[45]。

ここでは、そのうち特に次の記述にのみ着目しておきたい。

> [11] J 399,25: sattvaṃ tato bahir api prakāśād eva tattvataḥ ||.
> それ故、外界についても、存在性は、実義として顕現のみ (prakāśād eva) に基づいている。

この記述で重要なのは、“prakāśād eva” という語である。

しかるに、これまで存在性との関連で、prakāśa を「顕現」という意味で解釈すると述べてきたが、さらにこれと同様の意味は SS の別の箇所において、“pratibhāsād eva” という語によっても表されている。

> [12] J 373,1-2: pratibhāsād eva hi tādātmyakalpanam.
> なぜなら、顕現のみに基づいて、同一性の案出があるから。

> [13] J 391,11-22: pratibhāsād eva sattāsiddher bādhakāvakāśabhāvāt |.
> 顕現のみに基づいて、存在性の成立があるから、〔自己の形象に、〕無効化するものの余地は存在しないからである。

記述 [12] は、知と形象の同一性が「顕現のみに基づいて」いること、記述 [13] は「顕現のみに基づいて」存在性が成立することを根拠に、知自身の形象の有を証明する論述であるが、ここに、存在性の成立が顕現のみに基づくことが述べられている。

また、prakāśa と pratibhāsa の語については、次の一節が参照されるべきであると思われる。

[14] J 449,12-15: nanu viruddhadharmādhyāso bheda ucyate, sa ca bāhyasya buddher veti nātra niyama iti cet. niyama eva. bāhyābhede hi nārthakriyāpratiniyama eva, tadanādare ca pratibhāsamātrāt na viśeṣa iti tadabhāva eva syāt. buddhes tu bheda(*em.*; bhede Ms/J) eva svarūpahāniḥ, arthakriyānapekṣāyās tasyāḥ prakāśād eva sattvāt. bhede ca prakāśābhāvaprasaktis tadavasthāyāḥ.

(反論)矛盾する属性の付託 (viruddhadharmādhyāsa) が別異性 (bheda) と言われるのではないか。しかるに、それ〔=別異性〕が外界の〔別異性〕、あるいは知 (buddhi) の〔別異性〕である、というこれに対する限定 (niyama) は存在しない、というならば、

(答論) ほかならぬ限定はある。というのは、外界に別異性がないならば、ほかならぬ果を生じることが個々に確定していることはないからである。しかるに、それ〔=果を生じること〕が考慮されないとき、顕現のみ (pratibhāsamātra) から異なるものは存在しない[46]。というわけで、それ〔=果を生じること〕は非存在にほかならないであろう。一方、知に、正に別異性があるならば、〔知の〕本性の廃棄 (svarūpahāni) がある。果を生じることに依存しないそれ〔=知〕は顕現のみに基づいて (prakāśād eva) 存在するからでる。そして、それ〔=果を生じることに依存しないもの〕を状態とする〔知〕に別異性があるならば、顕現が存在しないことという過失 (prakāśābhāvaprasakti) があるのである。

この記述で、反論者は、矛盾する属性の付託が別異性と言われるけれども、しかし、その別異性は、外界に対して、あるいは知に対して、というような限定を欠いていると述べている。ジュニャーナシュリーミトラはそれに対して、別異性に限定はあると述べ、その限定に関する外界と知の二つのケースを示している。

外界において別異性がない場合、「果を生じること」が個々に確定していることはない。外境の「果を生じること」が否定されるならば、「顕現のみ」(pratibhāsamātra) とは別のものが存在しないのである。別異性は外界にのみあり、しかもその外境とは「果を生じること」が個々に確定したものである。換言すれば、知に別異性がなく、顕現のみが存在するということである。有外境論者と想定されるこの反論者はこの見解を決して受け入れないであろう。

一方、知に別異性がある場合、知の本性 (svarūpa) が害される[47]。果を生じることに依存しない知は、顕現のみに基づいて (prakāśād eva) 存在するからである。また、果を生じることに依存しないものを状態とするもの、すなわち知に、別異性があるならば、顕現が存在しないことという過失が生じる。顕現が存在しないこと (prakāśābhāva) という過失が生じる。顕現が存在しないことは、ジュニャーナシュリーミトラによって決して肯定できないから、知に対して別異性を認めることはできない。記述 [14] はこのような趣旨であると思われる[48]。

このように識の存在性を保証する根拠として、“prakāśād eva” “pratibhāsād eva” という語がジュニャーナシュリーミトラによって用いられていたけれども、注目すべきなのはその根拠としては “pratibhāsamātra” という語も用いられることである。さらに次の記述を検討しよう。

[15] J 511,11-13: sarvāropavyavacchede ’pi hi citrapratibhāsamātram idam idānīm aśakyāpahnavam iti svayam āpkṣepāt. ucchedacaritasyāpi vijñāne sattāṃ gṛhṇato pratibhāsamātrarūpaivāsyāpi sattety ekasiddhāntaniṣṭhā.

実に、一切の増益が排除されるとしても、この多様な顕現のみ (citra-pratibhāsamātra) が、今、否定されることはできない、と自ら捨てられるからである。断ずることを行う人も、識に関する存在性を把握しつつ、これ〔＝識〕の存在性は、ほかならぬ顕現のみを性質とする (pratibhāsamātrarūpa) のである、という一つの定説に基づくのである。

先の記述 [14] では、pratibhāsamātra から異なるものは存在しないと述べられているだけであるが、この記述 [15] には、「顕現のみ」が否定されず、識の存在性が顕現のみを性質とすることが明示されている。この記述 [15] は有形象唯識説の証明において説得力をもったもののように思われる。すなわち、識の本質である prakāśa の顕現としての意味に力点を置いて、識の存在性を証明する仕方である。これは同時に、記述 [12] で見たように、知と形象の同一性は顕現のみに基づくから、形象の存在性をも証明することになるのである[49]。

第５節　ジュニャーナシュリーミトラの中観派批判

1　自己作用の矛盾に基づく自己認識説批判

チャンドラキールティに特徴的な中観派の自己認識説批判は、一つは、自己認識を自己自身に対する作用と捉え、そのようなあり方は矛盾であること、すなわち自己作用の矛盾という見解に基づく批判、もう一つは、想起に基づく自己認識説論証に対する批判という二つの形式が採られており、それらの二つの批判に対するジュニャーナシュリーミトラの再批判が、SSVにおいて述べられている。

まず、第一の自己作用の矛盾という見解に基づく自己認識説批判と、それに対するジュニャーナシュリーミトラの再批判から考察しよう。

始めに、自己作用の矛盾という見解に基づく自己認識説批判をチャンドラキールティの著作『入中論註』*Madhyamakāvatārabhāṣya* (MAvBh) によって確認しておこう。なお、この批判はチャンドラキールティに特徴的なものであることが、松本1980aに指摘されている。

> [16] MAvBh D 'a 271b6-272a1: gal te 'dzin pa źes bya ba gñis kyis stoṅ pa gźan gyi dbaṅ yod na de'i yod pa de khyod kyis śes pa gaṅ gis dmigs | de ñid kyis de 'dzin par ni(: *om*. P) mi 'thad de | raṅ gi bdag ñid la byed pa daṅ(: byed par D) 'gal ba'i phyir ro || 'di ltar ral gri'i so de ñid kyis de ñid mi gcod la | sor mo'i rtse mo de ñid kyis de ñid la mi reg ciṅ | legs par bslabs pa'i gyer źiṅ yaṅ gze(: gzor D) can gyis kyaṅ raṅ gi phrag pa la źon par mi nus śin | mes raṅ gi bdag ñid mi sreg la | mig gis raṅ gi bdag ñid la lta ba ma yin no ||.
> 「もし所取と能取といわれる二をもたない依他起が有るならば、それ（依他起）の有を汝はいかなる知によって捉えるのであるか。それはそれ自身によって把握されるというのは、正しくない。自己自身に対して作用することは矛盾だからである。即ち、刀の刃はそれ自身を切らず、指先はそれ自身に触れず、良く学んだ賢く身軽な人も自分の肩に登ることはできず、火はそれ自身を焼かず、眼はそれ自身を見ないのである。」[50]

このような考えは、シャーンティデーヴァ Śāntideva とプラジュニャーカラマティ Prajñākaramati にも受け継がれていると思われる[51]。では、ジュニャーナシュリーミトラは、自己作用の矛盾という見解に基づく自己認識説批判に対し、いかなる考えを持っているであろうか。この批判の議論は、SS Vに三度確認されるが、その中最も鮮明なジュニャーナシュリーミトラの再批判と思われる第三の論述を見てみよう[52]。

[17] J 475,16-18: asti ca loke 'pi svaprakāśavyavahāra iti kva lokabādhāpi. buddher evādhikāre sākṣāt na dṛṣṭa iti kim anena. svaprakāśam api vastv asti na ca kāritravirodha.

しかるに、世間においても自己顕現の言説 (svaprakāśavyavahāra) は存在する。というわけで、世間において無効することさえ、一体どこにあるのか。ほかならぬ知を主題として、直接見られたものは存在しない、というこれは何の用があろうか。自己顕現 (svaprakāśa) も実在である。しかるに、作用という矛盾は存在しない。

ここでジュニャーナシュリーミトラは自己認識が世俗において否定されることはなく実在であると述べ、そのような自己認識において、自己自身に対する作用の矛盾は存在しないと説いている。この記述 [17] で批判される反論者は「眼前に顕現しているもの (puraḥprakāśin)」を世間において否定していると思われる[53]。換言すれば、これは世間において、知が有する自己の形象を否定していることであって、自己認識を否定していることにほかならない。では、ジュニャーナシュリーミトラはそのような見解を持つ反論者として誰を想定しているであろうか。結論から言えば、本節冒頭に示された引用関係から明らかなように、プラジュニャーカラマティであると考えられるのである。すなわち、BCAP には、シャーンタラクシタ Śāntarakṣita の自己認識説が説かれる『中観荘厳論』*Madhyamakālaṃkāra* (MA) 16-17 が引用されるが、それに対するプラジュニャーカラマティが批判的言明が、SS に同じく引用される MA 16-17 の直後に引用されている。つまり、この引用関係によれば、世俗において自己認識を認めた[54]シャーンタラクシタの学説をプラジュニャーカラマティが批判し、そのプラジュニャーカラマティの見解をジュニャーナシュリーミトラが再批判したという関係を指摘し得るのである。

2 『入菩提行論細疏』の記述

SS に引用される BCAP の記述を文脈を損なわない形で引用しよう[55]。次の記述 [18] の下線部2がJ 471,10及びJ 471,23に、下線部3がJ 481,22-23に引用される文章である。

[18] BCAP 396,8-397,12: na punar asmābhiḥ karmakartṛkriyābhedena jñānasyātmaprakāśanam iṣyate. ekasya sataḥ karmādisvabhāvatrayasyāyogāt. tan na kriyādibhedena dūṣaṇe 'pi kiṃcid dūṣitam asmākaṃ syāt. svahetujanitasyātmaprakāśasyānupaghātāt. iti nātmasaṃvedane pratipāditadoṣaprasaṅgaḥ. tad uktam.

vijñānaṃ jaḍarūpebhyo vyāvṛttam upajāyate |
iyam evātmasaṃvittir asya yājaḍarūpatā || (MA 16)
kriyākārakabhedena[1] na svasaṃvittir asya tu |
ekasyānaṃśarūpasya trairūpyānupapattitaḥ || (MA 17)

[18a] atrocyate, **kriyākārakabhedena** vyavahāraprasiddhaṃ śabdārtham adhigamya dūṣaṇam uktam, svasaṃvedanaśabdasya tadarthābhidhāyakatvāt. yadi punar doṣabhayāl lokaprasiddho 'pi śabdārthaḥ parityajyate tadā [2]lokata eva bādhā bhavato bhaviṣyati[2]. ittham api na paramārthataḥ svasaṃvedanasiddhiḥ. tathā hi hetupratyayopajanitasya pratibimbasyeva niḥsvabhāvatvam uktam.

[18b] tathā ca sutarāṃ na svasaṃvedanaṃ jñānasya, tattvato nijasvabhāvābhāvāt. na ca svabhāvābhāve gaganotpalasya ātmasaṃvedanam ucitam. [3]na cāpi jaḍa-svabhāvatā madhyamakavādinaṃ prati paramā-rthataḥ[4] kasyacit siddhā, yena jaḍavyāvṛttam[5] ajaḍaṃ svasaṃvedanaṃ syāt[3]. tasmād anyān eva vastuvādinaḥ prati yuktam etad vaktum. tato niḥsvabhāvatayā na kathaṃcid api svasaṃvedanasiddhiḥ.

1 °bhedena] BCAP; °bhāvena TS, J. Cf. bya daṅ byed pa'i dṅos por min MA.
2 lokata eva bādhā . . . bhaviṣyati (BCAP 397,4). J 471,10 及び J 471,23 に引用される。

[3] na cāpi . . . svasaṃvedanaṃ syāt (BCAP 397,8-10). J 481,22-25 に引用される。
[4] paramārthataḥ] BCAP; *om*. Ms/J
[5] jaḍavyāvṛttam] BCAP; tadvyāvṛttam Ms/J

（対論者）しかし、我々によっては知 (jñāna) の自己照明 (ātmaprakāśana) が、行為対象と行為者と行為の区別 (karmakartṛkriyā-bheda) によって認められる、ということはない。単一の存在しているものが、行為対象 (karmādisvabhāvatraya) 等の三つの自性をもつことは不合理であるからである。従って、行為 (kriyā) 等の区別によって論破 (dūṣaṇa) があるとしても、我々にとって何も論破されないであろう。自己の原因から生じた (svahetujanita) 自己照明 (ātmaprakāśa) は害されないからである。というわけで、自己認識 (ātmasaṃvedana) に関して述べられた〔自己作用の矛盾という〕過失に陥ることはないのである。それが言われた。

> 無感覚な性質をもつ諸々のものとは異なったものとして識は生じる。これ〔＝識〕が無感覚な性質をもつものでないこと、ほかならぬこれが自己認識である。(MA 16)
> しかし、これ〔＝識〕の自己認識は、行為と行為要素の区別によってあるのではない。部分をもたない性質をもつ単一なものが三つの性質をもつことは不合理であるから。(MA 17)

[18a]（プラジュニャーカラマティ）これに対して言われる。言説によって一般的に承認された語の意味を認めて、行為と行為要素の区別によって、〔MA 17において提出されたような、自己認識に対する〕論破 (dūṣaṇa) が〔チャンドラキールティによって〕言われた。自己認識という語は、それ〔＝言説によって一般的に承認された語〕の意味を指示するものであるが故に。

しかし、もし過失を恐れることから、世間の人々に一般的に承認された語の意味が捨てられるならば、その時には、<u>他ならぬ世間の人々</u>

から、あなた〔＝対論者〕に、[56]無効因が生じるであろう (*lokata eva bādhā* bhavato *bhaviṣyati*)。かくして、勝義として自己認識が成立することはないのである。すなわち、因と縁から生じたものは影像のように無自性であることが言われた。

[18b] また同様に、知の自己認識はより一層存在しない。実義として、本来の自性は存在しないからである。しかるに、自性がないならば、空華の自己認識 (ātmasaṃvedana) は適切ではない。しかるに、中観論者にとって、勝義として、或るものが無感覚なものを自性とすることは成立しない。さもなければ、無感覚なものとは異なった、無感覚でない自己認識があるでもあろうが (*na cāpi jaḍasvabhāvatā* madhyamakavādinaṃ *prati paramārthataḥ kasyacit siddhā, yena jaḍa-vyāvṛttam ajaḍaṃ svasaṃvedanaṃ syāt*)。それ故に、他の人々にほかならない実在論者 (vastuvādin) たちによっては、これが合理的であると言われたのである。それ故に、無自性性によって、いかにしても自己認識 (svasaṃvedana) の成立はないのである。

MA 16-17 によって説かれた自己認識説に対して、BCAP の記述 [18a] で、プラジュニャーカラマティは、自己認識という語は、「行為等の区別」というような、世間の人々によって一般的に承認された語の意味によって指示されるものであるから、その意味が捨てられるならば、対論者の説は世間から否定されるであろうと述べている。

ただし、ここでは、無条件に世俗において自己認識が否定されるとは述べられていないように思われる。むしろこの記述 [18a] はプラジュニャーカラマティが、「世間の人々によって一般的に承認された語の意味が捨てられるならば」と限定することによって、対論者にとって自己認識に対して無効因が生じるであろうと述べている。換言すれば、世間の一般的承認による限り自己認識は認められるとも解釈できそうであるが、しかしプラジュニャーカラマティはその点まで踏み込んで説明していない。というのも、この限定は、おそらく世俗において想定し得る、自己認識否定の一つのケースを示したものと考えられるからである。

しかるに、記述 [18a] は、末尾の一文によって、勝義においてのみ、自己認識を否定していることを鮮明に打ち出した言明であることは明らかである。

しかし、SS の記述 [17] によって批判される反論者は自己認識を勝義のみならず、世俗においても、否定していたのである。これらには齟齬が認められると言わざるを得ない。では、この BCAP の記述 [18a] の下線部 "*lokata eva bādhā* bhavato *bhaviṣyati*" という一文を SS に引用したジュニャーナシュリーミトラの意図は何であったのであろうか。次に、この一文が引用される SS の記述を見てみよう。

3　ジュニャーナシュリーミトラの批判 (1)

[19] J 471,10-11: yat punar atroktam evaṃvādino [1]*loka eva bādhako bhaviṣyatī*[1]ti tad anenaiva nirastam. loke tathāvidhāyā vivakṣāyā dṛṣṭatvāt.

[1] ≈BCAP 397,4: lokata eva bādhā bhavato bhaviṣyati.

（著者）しかるに、何であれ、これ[57]に関して、「他ならぬ世間の人々において、無効にするものが生じるであろう (*loka eva bādhako bhaviṣyati*)」とこのように語る人[58]によって言われたもの、それは、同じこれ[59]によって否定されたのである。そのような種類のものを語ろうとする意図は、世間の人々 (loka) において見られたが故に。

この SS の記述 [19] によれば、MA 16cd-17ab によって説かれる自己認識説は世間において否定される、と「このように語る人」、即ちプラジュニャーカラマティは述べていると思われる。

それに関して、ジュニャーナシュリーミトラは、そのようなプラジュニャーカラマティの見解は正にその MA 16cd-17ab によって否定されたのだと述べている。「そのような種類のもの」とは、直前の MA 16cd-17ab によって言及される内容としてプラジュニャーカラマティが述べた、「単一なる自己認識に行為対象等の三つの自性を認めること」を指すと思われるが、そのような「単一なる自己認識に行為対象等の三つの自性を認めること」を語ろうとする意図は、あくまで世間において認められたものであるから、というのがこの一節の趣旨であると一応理解できると思われる[60]。

4　ジュニャーナシュリーミトラの批判（2）

さて、BCAP の記述 [18a] 下線部 (BCAP 397,4) は、SS の記述 [19] の少し後に再度引用されている。ここには、シャーンティデーヴァの『入菩提行論』*Bodhicaryāvatāra* (BCA) IX.22-23 が自己認識を否定する見解として引用され、それに対するジュニャーナシュリーミトラの答論が述べられる。

[20] J 471,15-23: nanu,

dīpaḥ prakāśata iti jñātvā jñānena kathyate ǀ
jñānaṃ prakāśata iti kenedaṃ suhṛdocyate ǁ (BCA IX.22)[1]
prakāśā vāprakāśā vā yadā dṛṣṭā na kenacit ǀ
vandhyāduhitṛlīleva kathyamānāpi sā mudhā ǁ (BCA IX.23)

iti cet.

[20a] niravakāśam etat. idam eva hi nīlādi svaprakāśasvabhāvaṃ jñānam iti vyavasthāpitam, tat kathaṃ kenedaṃ suhṛdocyata ity ucyate. na svasaṃvedye 'rthe paropadeśo garīyān, ko 'nyathā dharmo vyāpakānupalambhādeḥ.

[20b] pradīpe 'pi tarhi jñānam eva kathaṃ dṛṣṭāntaḥ. satyaṃ lokāpekṣayā [2]*loka*[3] *eva bādhako bhaviṣyatī*[2]ty apahastayitum[4].

[1] BCA IX.22cd に異同がある。*Cf.* BCA IX.22cd: buddhiḥ prakāśata iti jñātvedaṃ kena kathyate ||.
[2] ≈ BCAP 397,4.
[3] lokāpekṣayā loka] *conj.*; lokāpekṣayā'loka Ms/J
[4] °ty apahastayitum] Ms; °tp apahastayitum J

（反論）実に、

> 灯火が顕現する (prakāśate)、と知ってから、知 (jñāna) によって述べられるのである。知 (jñāna) が顕現する、というこれは、いかなる良い心をもった人 (suhṛd) によって言われるのか。(BCA IX.22)[61]
>
> 顕現するものであれ、顕現しないものであれ、〔知が〕いかなるものによっても見られたもの (dṛṣṭa) でない時、それ[62]が語られたとしても、石女の娘の遊びのように、無益である。(BCA IX.23)

[20a]（答論）これは不適切 (niravakāśa) である。なぜなら、他ならぬこの青等は自己顕現を自性とする (svaprakāśasvabhāva) 知 (jñāna) である、と確立されたからである。それなのにどうして「これは、いかなる良い心をもった人によって述べられるのか」と言われるのか。自己認識されるべき対象に関して、他者の説示が重要である、ということはないのである。もしそうでないならば、能遍の非認識等にとって、一体何が属性であるのか。
[20b] しからば、灯火に関しても、他ならぬ知 (jñāna) が一体どうして比喩であるのか。実に、世間に依存して (lokāpekṣayā)、「他ならぬ世間の人々において[63]、無効にするものが生じるであろう (*loka eva bādhako bhaviṣyati*)」というのは、捨てられるためにある。

BCA IX.22 で、灯火に喩えられる知が顕現することが否定され、BCA IX.23 では、そのような知が顕現するにせよ、しないにせよ、知が自己認識されないとき、自己認識を語ることは無意味なものであると述べられている。

この反論に対しジュニャーナシュリーミトラは、[20a] で「ほかならぬこの青等は自己顕現を自性とする知である」と述べて彼の唯識説における確信を表している。すなわち、知は自己顕現を自性としており、青等はその知であるというのである。

しかるに、記述 [20b] では、まずジュニャーナシュリーミトラは知が灯火に喩えられて説かれることに同意していないことが述べられる。そして、それに続けて、「世間に依存して、他ならぬ世間の人々において、無効にするものが生じるであろう」と言われる場合、「世間に依存して (lokāpekṣayā)」とは、ここでは、具体的には記述 [18a] で「言説によって一般的に承認された語の意味を認めて」、あるいは「世間の人々によって一般的に承認された語の意味」を捨てずに、という文意を簡潔に表現したものであろう[64]。そして、その内容とは、自己認識に行為対象等の三つの自性を認めるあり方であるが、ジュニャーナシュリーミトラは MA 16cd-17ab に基づいて、このあり方に同意しないことはすでに確認したとおりである。

5　ジュニャーナシュリーミトラの批判 (3)

さて、次に SS におけるもう一つの BCAP の引用箇所 (BCAP 397,8-10)、すなわち記述 [18b] 下線部3の文章を含む一節を検討しよう。以下、引用部分は梵文では斜体、訳では下線によって示してある。

[21] J 481,22-25: yady apy ucyate, [1]*na cāpi jaḍasvabhāvatā madhyamaka-vādinaṃ*[2] *prati* [3] [4]*kasyacit siddhā, yena tadvyāvṛttam*[4] *ajaḍaṃ svasaṃvedanaṃ syād*[1] iti. tad api gātrābhreṭamātraṃ na trāṇāya. tathā hi,

yogācārasya nājñānam nāśūnyā madhyamāvidaḥ[5] |
tathāpi jñānaśūnyādivyavahāro na bādhyate ||

[1] na cāpi . . . svasaṃvedanaṃ syād. ≈ BCAP 397,8-10.
[2] madhyamakavādinaṃ] BCAP; madhyamakaṃ vādinaṃ Ms/J
[3] paramārthataḥ *add*. BCAP
[4] kasyacit siddhā, yena tadvyāvṛttam] J; kasyacit siddhā | te yena tadvyāvṛttam Ms; kasyacit siddhā | yena jaḍavyāvṛttam BCAP
[5] madhyamāvidaḥ] *em*.; madhyamā vidaḥ J

たとえ〔プラジュニャーカラマティによって BCAP において〕「また、中観論者によって、㋐或るもの〔＝識〕が無感覚なものを自性とすることが成立するということはない。さもなければ〔＝或るものが無感覚なものを自性とすることが成立するならば〕、それ〔＝無感覚なもの〕とは異なった、無感覚でない自己認識があるでもあろうが。」と言われるとしても、そうだとしても、防護のために、四肢とイダ王といったものがあるのではない。すなわち、

瑜伽行派 (yogācāra) にとって知でないもの (ajñāna) は存在しない。中の知者 (madhyamāvid) にとって空でないもの (aśūnya) は存在しない。そのようであっても、

㋐BCAP ではここに「勝義として (paramārthataḥ)」の語が加えられる。

すでに見たように、この記述 [21] に引用される BCAP の一節は、先の BCAP の記述 [18b] では、中観派の勝義の立場から自己認識を否定する意味を持っていた。

しかるに、この記述 [21] では、驚くべきことに BCAP の記述 [18] にあった “paramārthataḥ” の一語が欠落している。欠落している語が「勝義として」という限定語であるだけに、この欠落は極めて大きな意味を持つであろう。即ち、“paramārthataḥ” を有する BCAP において、プラジュニャーカラマティは字義通り勝義として自己認識を認めないと述べている[65]。

一方、J 引用文中の BCAP の記述では、“paramārthataḥ” の語の欠落によって、「中観論者」は勝義として限定されずに、即ち勝義としても世俗としても、自己認識を否定すると見做し得るであろう。

では、この異同をテキスト上の問題と見るべきなのか、あるいはジュニャーナシュリーミトラが BCAP を引用するに際し、故意に “paramārthataḥ” の語を落としたと考えるべきなのか。

先に、SS の記述 [19] [20] においてジュニャーナシュリーミトラは、プラジュニャーカラマティを勝義だけではなく、世俗においても自己認識を否定する中観派と見なそうと意図していたことを確認した。それ同様の意図を、この記述 [21] の “paramārthataḥ” の語の欠落から読み取ることができるのではないであろうか。すなわち、勝義として、或るものが無感覚なものを自性とすることが成立することを認める中観派はいないであろうから、プラジュニャーカラマティを批判対象とするために、ジュニャーナシュリーミトラはプラジュニャーカラマティを世俗において自己認識を否定する中観派であると見なしておこうとする意図がジュニャーナシュリーミトラにはあったのではないかと思われるのである。それ故、結論として、私はこの “paramārthataḥ” という限定語をジュニャーナシュリーミトラが無視して BCAP を引用したと考えておきたい。

さて、このようにプラジュニャーカラマティの説を引用し、それに対してジュニャーナシュリーミトラは、「防護のために、四肢とイダ王といったものがあるのではない」と述べている。この一文の読解は難しいが、それに続く偈文は重要である。というのも、そこには瑜伽行派の思想と中観派の思想を並置し、それらの二つの思想は共にひていされないと述べられている点で、ジュニャーナシュリーミトラが、この両学説を統合することを企図していたという想定が成り立つからである[66]。

以上のように、SS における BCAP の引用について考察したが、この引用を考察することから、ジュニャーナシュリーミトラがプラジュニャーカラマティを世俗において自己認識を否定する中観思想家であると規定しようとする意図を指摘できると思われる[67]。

6　想起に基づく自己認識説論証と批判

想起に基づく自己認識説論証が、ディグナーガの『集量論』*Pramāṇa-samuccaya* (PS) I.11cd において述べられており、それに対してチャンドラキールティが『入中論』*Madhyamakāvatāra* (MAv) VI.72-76 とその註 *Bhāṣya* (MAvBh) において批判を行い、シャーンティデーヴァとプラジュニャーカラマティがそれに基づいて自己認識説批判を展開したことは先行研究で知られるところである。

そのディグナーガの論証とは、或る対象Xの知覚の後に、対象Xと同時に対象Xの知Aも想起されるが、それ故に、知は、対象Xの形象と対象Xの知Aという二つの形象を有する、即ち自己認識されるというものであった。この見解を踏まえチャンドラキールティは次のように反論として唯識説を提示している。

> [22] MAvBh D 'a, 272a5-7: gaṅ źig mi 'dod pa des kyaṅ gdon mi za ber raṅ rig pa khas blaṅ bar bya dgos te | gźan du na(P : ma D) mthoṅ ṅo źes dus phyis 'byuṅ ba'i dran pas yul dran pa ñid daṅ | ṅas mthoṅ ṅo sñam du yul gyi ñams su myoṅ ba dran par mi 'gyur ro || ci'i(P : de'i D) phyir źe na | dran pa ni ñams su myoṅ ba'i yul can yin na śes pa yaṅ ñams su ma myoṅ bas dran pa yod par mi 'gyur ro || raṅ rig pa med pa'i phyir na re źig de ñid kyis de ñams su myoṅ ba yod pa ma yin no ||.
>
> 誰であれ、〔自己認識を〕認めない人、彼によっても必ず自己認識は承認されるべきである。さもなければ〔＝自己認識が承認されなければ〕、「見た」という後時に生じる想起によって対象を想起するこ

> とと、「私は見た」という対象の知覚を想起することはないのである。何故か、というならば、想起が知覚を対象とするならば、知も知覚されないので、想起があることにならないのである。自己認識は存在しないが故に、まず、それ (A) が、その同じもの (A) によって知覚されることがある、ということはないのである。

この MABh 記述 [22] には、ディグナーガによって提示された想起に基づく自己認識論証の意味が反映されていると言ってよいであろう。即ち、かつて経験された対象とともに、対象を経験した「私」をも想起するというのである。このような唯識説に対するチャンドラキールティの批判は次のとおりである。

[23] MAv (Li 2015: 13), MAvBh D 'a 272b6-273a2:

tenaiva tasyānubhavo na siddhaḥ siddhaḥ smṛter uttarakālataś cet |
asiddhasiddhyartham asiddham etan nirucyamānaṃ na hi sādhanāya ||
(MAv VI.73)
(de ñid kyis de myoṅ bar grub ma yin ||
gal te phyi dus dran pa las grub na ||
ma grub bsgrub par bya phyir brjod pa yi ||
ma grub 'di ni sgrub par byed pa min ||)

de la gal te re źig rdzas sgrub par byed pa yin pa'i dbaṅ du byas nas de skad du smra na ni | de'i tshe bdag daṅ gźan las skye ba med pa'i phyir rnam pa thams cad du dran pa mi srid pas ji ltar ma grub pa'i dran pas ma grub pa'i raṅ rig pa 'grub(D : sgrub P) par 'gyur | 'oṅ te 'jig rten gyi tha sñad kyi dbaṅ du yin na(D : te P) de lta na yaṅ raṅ rig pa'i rgyu can gyi(P : gyis D) dran pa mi srid pa ñid do || ci'i phyir źe na | gal te 'dir me bźin du śes pa 'ga' źig gis raṅ rig pa 'grub par 'gyur na ni de yod pas du bas me ltar dus phyis 'byuṅ ba'i dran pa'i sgo nas yod pa ñid du ṅes par 'gyur ba źig ma | raṅ rig pa de ni ruṅ du yaṅ ma grub pas | raṅ rig pa'i gyu can raṅ rig pa med par mi 'byuṅ ba'i dran pa ga la yod(P : yod de D) |.

それ (A) が、その同じもの (A) によって知覚されることは成立しない。後時に想起に基づいて〔自己認識が〕成立するというならば、実に、成立していない〔自己認識〕を成立させるために語られつつある成立していないこれ〔＝想起〕は、証明のためにあるのではない。(MAv VI.73)

そのうち、もし、まず実体を成立せしめることに関して、そのように言われるならば、その時には、〔諸法が〕自と他から生じることはないが故に、いかなるあり方でも、想起は有り得ないので、成立していない想起によって、成立していない自己認識が一体どうして証明されようか。

（反論）もしまた、世間の言説 ('jig rten gyi tha sñad) に基づいて、〔想起によって自己認識が証明される〕、というならば、（答論）そのようであっても、自己認識を因とする想起は決してあり得ないのである。何故か、というならば、もし、この〔世間〕において、火のように、何らかの知によって自己認識が成立することになるならば、それ〔＝自己認識〕が存在することによって、煙によって火があるように、後時に生じる想起を通じて、〔自己認識が〕存在すると確定されることになるが、その自己認識は、あり得るものとしても成立しないので、自己認識を原因とし、自己認識なしには生じない想起が、一体どうして存在しようか。

ここでチャンドラキールティは、先ず MAv VI.73 において、自己認識そのものと、自己認識の能証である想起を否定している。そして註において、諸法の無自性性を論拠として、そのような想起を否定するのである。成立していない想起によって自己認識が成立することはないであろう。

さらに、想起に基づく自己認識説論証は世間の言説においてなされるのである、という反論に対して、火が世間において有ると認められているのと同様、自己認識が世間において有ると認められているわけではない、自己認識はないのであるから、自己認識なしには存在しない想起は成り立たないと述べている。チャンドラキールティは、要するに、勝義においては無論のこと世俗においても自己認識は成り立たないので、自己認識なしにはない想起によって、自己認識説を証明することはできないと主張するのである。

プラジュニャーカラマティが基本的にチャンドラキールティの見解に従って自己認識説を批判したことは先に触れたが、想起に基づく自己認識説批判に関しても、プラジュニャーカラマティはチャンドラキールティの見解に従っていると思われる。ただし、プラジュニャーカラマティに関しては、特に次の二点に着目しておく必要があると思われる。一つは、自己認識と想起の因果関係を否定したこと、もう一つは、自己認識を認めない想起のあり方を示したことである。最初の点から考察しよう。

[24] BCAP 400,3-11: naitat sādhanaṃ sādhīyaḥ | yato yadi svasaṃvedana-kāryatayā smaraṇaṃ niścitaṃ bhavet, bhaved vahner yathā dhūmaḥ svasaṃvedanasya kāraṇaṃ smṛtiḥ | na cāsiddhe svasaṃvedane pramāṇataḥ, smaraṇasya tatkāryatāgrahaṇam asti | sarvathobhayapratipattināntarīyakatvāt kāryakāraṇabhāvapratipatteḥ | na ca cakṣurāder iva vijñānam, adarśane 'pi smaraṇaṃ tatkāryaṃ setsyati, cakṣuṣo hi vyatireke nīlādijñānābhāvato vyatirekadvāreṇa tatkāryam anumīyate | smṛtis tu jñānasaṃvedanam antareṇāpi bhavatīti pratipādayiṣyāmaḥ, iti svasaṃvedanakāryatāniścayam antareṇa smaraṇasya tadvinābhāvān na saṃvedanasiddhiḥ |.

この〔識論者の〕能証がより正しいものであるということはない。さもなければ〔＝識論者の能証がより正しいものであれば〕、もし自己認識の結果として (svasaṃvedanakāryatayā)、想起 (smaraṇaṃ) が確知されたものとなるなら、煙が煙が火の因であるように、想起 (smṛti) が自己認識の〔因〕となるであろう。しかるに、自己認識が量に基づいて成立していないならば、想起がそれ〔＝自己認識〕の結果であることが把握されるということはない。いかなるあり方でも、因果関係の認識は〔随伴と排除という〕二者の認識なしにはないからである。

また、眼等に基づいて識があるのと同様に、見ること (darśana) がないとしても、それ〔＝見ること〕の結果である想起が成立することはないであろう。なぜなら、眼なしには青等の知は存在しないから、それの結果〔である想起〕は、排除 (vyatireka) によって推理されるからである。

しかし、〔我々中観派は〕想起は知の認識 (jñānasaṃvedana) なしにであっても、生じると理解せしめるであろう。というわけで、自己認識の結果性の確知 (svasaṃvedanakāryatāniścaya) なしに、想起はそれ〔＝自己認識〕なしに存在するから、〔自己〕認識の成立 (saṃvedana-siddhi) があるということはないのである。

ここでプラジュニャーカラマティは、結論として、自己認識がなくとも想起があることを自己の立場として主張し、自己認識と想起の関係を否定している。

先ず、プラジュニャーカラマティは、記述 [24] の識論者の論述における能証すなわち想起が仮に正しいものであるなら、つまり結果である想起が、原因である自己認識の能証たり得るなら、想起に基づく自己認識論証は成り立つであろうと述べるが、これは彼が譲歩した上での議論であって、プラジュニャーカラマティがこのような議論を認めていたのではない。というのも、彼は、因果関係は必ず随伴と排除という二つの遍充関係に基づいていなければならないから、自己認識が量によって成立していないのに、想起が自己認識の結果として把握されることはないと述べるからである。

しかるに、この一文の以下に、随伴と排除の実例が示されるが、記述 [24] におけるプラジュニャーカラマティの批判の要点は、自己認識が量に基づいて成立していないと述べていることに尽きると思われる。つまりプラジュニャーカラマティによれば、「それ〔=知覚〕の結果〔である想起〕は、排除によって推理される」、すなわち自己認識がなければ想起はないのであるから、プラジュニャーカラマティにとって自己認識が存在しないことに基づいて、想起が成立しないことが導き出され、想起に基づく自己認識説論証が成り立たないことになるのである。

次に、もう一つの点、自己認識を認めない想起のあり方を考察しよう。

[25] BCAP 401,12-402,7:

anyānubhūte saṃbandhāt smṛtir ākhuviṣaṃ yathā || (BCA IX.24cd)

jñānād **anyasmin** grāhye vastuni viṣaye **'nubhūte** sati jñāne **smṛtiḥ** smaraṇam upajāyate | nanu **anyasminn anubhūte** anyatra smaraṇe atiprasaṅgaḥ syād ity āha - **saṃbandhād** iti | viṣaye **'nubhūte** tadvijñānasmaraṇaṃ **saṃbandhād** bhavati | vijñānaṃ hi tadgāhakatayā tatsaṃbaddham, ato vijñānaṃ smaryate, nānyat | saty api saṃbandhe **anyasminn anubhūte** anyasya smaraṇe viplutaṃ smaraṇaṃ syād iti cen na, pūrvam anubhūto viṣayaḥ uttarakālam anusmaryamāṇaḥ sa evānubhavaviśiṣṭo 'nusmaryate | tadviśiṣṭasya tasya grahaṇāt | jñānam eva ca viṣayānubhavo nānya iti viṣayānubhavasmaraṇāt tatsaṃbaddhatayā jñāne smaraṇam abhidhīyate, na tu viṣayarahitaṃ jñānam api kevalam anusmaryate ity adoṣaḥ ||.

別のものが知覚されるとき、結合関係に基づいて想起がある。
鼠の毒のように。(BCA IX.24cd)

知から「別の」把握されるべき実在である対象が「知覚されるとき」、知に「想起」〔即ち〕想起 (smaraṇam) が生じる。

(反論)〔知から〕「別のもの」(A) が「知覚されるとき」、〔A から〕別のもの (B) が想起されるならば、過大適用があるのではないか、というならば、

(答論)〔シャーンティデーヴァは〕「結合関係に基づいて」と言ったのである。(1)対象 (viṣaya) が「知覚されるとき」、それ〔=対象〕の識に対する想起は「結合関係に基づいて」生じる。というのは、識はそれ〔=対象〕を把握するものとして、それ〔=対象〕との結合関係をもつからである。この故に、〔識から〕別のものは〔対象との結合関係をもたないから、想起されるということは〕ない。

(反論)〔対象との〕結合関係があるとしても、〔知から〕「別のもの」(A) が知覚されるとき、〔Aから〕別のもの (B) が想起されるならば、想起は錯乱したもの (vipluta) となるであろう、というならば、

(答論)〔そうでは〕ない。(2)前に知覚された対象 (X) が、後時に想起されつつ、知覚によって限定された (anubhavaviśiṣṭa) その同じ〔前に知覚された対象 (X)〕が想起されるのである。その〔知覚によって〕限定された、それ〔=知覚〕が把握されるからである。しかるに、他ならぬ知とは、対象の知覚 (viṣayānubhava) である。〔対象の知覚から〕別のものであるということはない。というわけで、対象の知覚を想起すること (viṣayānubhavasmaraṇa) に基づいて、それ〔=対象〕との結合関係をもつものとして、知に関して想起がある、と述べられるのである。しかし、対象を欠いた知も、単独に想起されるということが過失でない、ということはない。

プラジュニャーカラマティが説く想起のあり方は、下線部(1)の記述に表されているであろう。識が対象との結合関係をもつことに基づいて、識について想起が生じるのである。ただし、下線部(2)の記述で、知とは対象の知覚であるから、そのような対象の知覚をもつ識について想起が生じると述べられている点に注意したい。

想起に基づく自己認識説論証に対する中観派の批判を以上のように確認したが、それに対するジュニャーナシュリーミトラの再批判を我々は次のように指摘できると思われる。

[26] J 475,22-24: yad api smaraṇād anubhavasiddhim āśaṅkyārtha eva smaraṇam anubhavaś ca jñāna ity ucyate, tatrāpy arthākārajñānam eva, tac ca svayaṃ sphuritam anusmaryata iti na kṣatiḥ[68]. arthe ca smaraṇam iti na tāvad ananubhūte bhavitum arhati, atiprasaṅgāt.
しかし、何であれ、想起 (smaraṇa) に基づく知覚の成立を懸念して、対象だけに関して想起と知覚があり、知に関してあるのではない、と言われるもの、そのときでも、対象を形象としてもつ知 (arthākārajñāna) だけが存在し、しかも、自ら顕れたそれ〔＝対象を形象としてもつ知〕が想起されるのである、というのは害されない。しかるに、「対象に関する想起がある」というならば、まず知覚されていないものについて生じる、ということはできない。過大適用であるから。

私見によれば、SS における想起に基づく自己認識説論証に関する記述はこれのみであると思われる。冒頭に示された反論は、ディグナーガによって説かれた想起に基づく自己認識説論証を批判する内容であるが、この反論では、対象だけに対して想起と知覚があると言われている。つまり、想起が、対象Xと、対象Xの知Aの両者についてあるというディグナーガの理論において、対象Xについてのみ想起があるという反論者の見解がここに述べられていると言えるであろう。

また、この SS の記述 [26] の反論には、対象Xについてのみ知覚があると言われている。これは知覚を知自身の形象の知覚と考える有形象唯識説に対する批判であると見なすことができるであろう。このような反論に対して、ジュニャーナシュリーミトラは「対象を形象としてもつ知 (arthākārajñāna) だけが存在し、しかも、自ら顕れたそれ〔＝対象を形象としてもつ知〕が想起されるのである」と自己の有形象唯識説を主張している。また、「対象に関する想起がある」という中観派の見解に対しては、ジュニャーナシュリーミトラは「〔未だ〕知覚されていないものについて〔想起が〕生じる、ということはできない。過大適用であるから」とディグナーガの説に基づいて自説を述べている。

このように見ると、想起に基づく自己認識説論証に関するジュニャーナシュリーミトラの論述は、ディグナーガの所説に基づくものであり、ここに想起に基づく自己認識説論証を発展させて論じた跡はないように思われる。

7　結論

本節の中観派批判に関する考察を次のようにまとめておきたい。

1．ジュニャーナシュリーミトラは SS にプラジュニャーカラマティの BCAP を引用し、彼の所説を批判しているが、この引用によってプラジュニャーカラマティを世俗において自己認識を否定する中観派と規定することを意図したと思われる。
2．プラジュニャーカラマティは、チャンドラキールティに特徴的であった「自己作用の矛盾」の理論と、想起に基づく自己認識説論証の否定に基づいて自己認識説を批判している。

註

[1] Cf. KAJIYAMA 1998: 6-10. ジュニャーナシュリーミトラは、gZhon-nu-dpal, *Deb ther sňon po* によってヴィクラマシーラ僧院におけるいわゆる「六賢門」の一人として知られるように、後期インド仏教における重要性は歴史的にも認識されてきたようである。その校訂本として1959年に刊行された A. THAKUR ed., *Jñānaśrīmitranibandhāvali* は唯一の写本の写真版に基づくもので、チベット語訳等の副次的資料の存在がわずかであるためもあって、サンスクリットで著された浩瀚な作品群の読解はなおも俟たれる。KAJIYAMA 1963、M. HAHN, *Jñānaśrīmitras Vṛttamālāsttuti,* Otto Harrassowitz, Wiesbaden 1971、STEINKELLNER 1977、筧無関 1970、1970a、1981、赤松明彦「DharmottaraのApoha論再考—Jñānasrimitraの批判から—」『印度学仏教学研究』33-1, 1984, 340-334、桂紹隆「ジュニャーナシュリーミトラのアポーハ論」『仏教学セミナー』48, 1988, 69-81、狩野恭「ジュニャーナシュリーミトラの『主宰神論』前主張の研究（上）」『南都仏教』71, 1995, 28-51、「ジュニャーナシュリーミトラの『主宰神論』前主張の研究（下）」『南都仏教』74/75, 1997, 30-59、谷貞志1995、同「ジュニャーナシュリーミトラ「瞬間的消滅 (KṢAṆABHAṄGA)の章」試訳［1］」『高知工業専門学校学術紀要』32, 1989, 1-16を始めとする一連の研究、沖和史「無相唯識と有相唯識」『講座・大乗仏教８唯識思想』春秋社, 1982, 177-209等、諸氏が成果を発表し、さらにH. LASIC, *Jñānaśrīmitras Vyāpticarcā. Sanskrittext, Übersetzung, Analyse*. Wien 2000, KYUMA 2005, B. KELLNER, *Jñānaśrīmitra's Anupalabdhirahasya and Sarvaśabdābhāvacarcā: A Critical Edition with a Survey of his Anupalabdhi-Theory*. Wien 2007 が刊行された。これらの研究は、韻律論、アポーハ論、刹那滅論証、自在神論証批判、有形象証明の各論について論じられており、大部の作品とその思想の解明が進められている。ジュニャーナシュリーミトラの研究については北原裕全氏の報告がある（『高野山大学密教文化研究所紀要』13: 86-90参照）。久間博士は、KYUMA 2005のほか、『不二一元摘要論 (*Advaitabinduprakaraṇa*)』の校訂・内容分析（「後期インド唯識思想におけるインド知識論及び中観思想との関連」科研費14710009, 2002–2004年度）、Jñānaśrīに帰せられる『金剛乗に関する二つの極端な見解の排除 (*rDo rje theg pa'i mtha' gñis sel ba*)』を研究され（„Einige Bemerkungen zur Zitierweise des *rDo rje theg pa'i mtha' gñis sel ba*“『印度学仏教学研究』57-3, 1261-1267, 2009年）、広範囲にジュニャーナシュリーミトラを論じておられる。また加納和雄博士は、ジュニャーナシュリーミトラを『宝性論』との関係において取り扱っている（加納 2014、Kano 2016参照）。

なお、梶山博士の "Controversy between the sākāra- and nirākāra-vādins of the yogācāra school—some materials"（『印度学仏教学研究』14-1, 429-418, 1965年）は、同じく「六賢門」の一人に挙げられるラトナーカラシャーンティの無形象唯識説とジュニャーナシュリーミトラの有形象唯識説の対立点を扱った論文として重要な意義を持つであろう。

[2] 筧 1970a: 231参照。

[3] 久間 1996: 63参照。

[4] J, Introduction: 4、SEYFORT RUEGG 1969: 433-434、桂 1969: 11、筧 1970: 5、筧 1981: 23、L. SCHMITHAUSEN „Zu D. Seyfort Rueggs Buch "*La Théorie du Tathāgatagarbha et du Gotra*"", *Wiener Zeitschrift für die Kunde Südasiens* 17, 1973: 150、Kano 2016: 24参照。

[5] 袴谷 2001所収「唯識の学系に属するチベット撰述文献」参照。

[6] なお、小野基博士は、シチェルバツスキーによって分類されたダルマキールティの註釈者の三区分、すなわち文献学派、哲学学派、宗教学派のうち、宗教学派に属するプラジュニャーカラグプタの学統に属する他の思想家に関する研究が極めて僅かであると述べておられるが、ジュニャーナシュリーミトラがプラジュニャーカラグプタの思想の後継者であるという沖和史氏の指摘、さらにジュニャーナシュリーミトラの刹那滅論に関する谷貞志博士の見解に基づき、ジュニャーナシュリーミトラとその弟子ラトナキールティが、ダルマキールティの註釈者でないが、系統的にいわゆる宗教学派に分類され得る学者と見なしておられる。小野 1995: 162、144、沖 1975、谷 1995参照。

なお、小野博士が述べておられるように、この学派の三分類の妥当性は今日再検討されるべきであろう。小野 1995: 150 註1参照。

私には先ずシチェルバツスキーによって言われた「宗教」の語の意味そのものがあまり判然としないけれども、この点で、J 478,10（＝本書第２章「サンスクリットテキスト」: 90,15、「本文の和訳」: 109-110）において、*uttaratantra* の引用とされる "pratyātmavedyo dharmaḥ" の一文は注目に値するかもしれない。この引用を含むSSの記述と私の訳を示せば次のとおりである。

> J 478,9-14: uttaratantre ca, *pratyātmavedyo dharmaḥ* ity evākṣaram. na cābhūta-parikalpo 'stīti bruvataḥ svasaṃvedanād anyac charaṇam. tasmān na yuktyāgamābhyāṃ svabodhasiddhau pratibandhaḥ.
>
> また『ウッタラタントラ』において、正に、
>
> 法は自内証されるべきもの (pratyātmavedya) である。
>
> という記述にしてなおかつ不滅のもの (akṣara) がある。
>
> しかるに、「虚妄分別がある」と語りつつあるものにとって、自己認識から別の帰依処 (śaraṇa) がある、ということはない。それ故に、自己の覚知の成立 (svabodhasiddhi) があるとき、正理と聖言 (yuktyāgama) に対する妨げ (pratibandha) があるということはないのである。

このRG原文中、"uttaratantre ca, *pratyātmavedyo dharmaḥ* ity evākṣaram." の一節は加納博士によって次のように英語訳されている。

> Also, the precise description in the *Uttaratantra* is as follows: "[the Jewel of] Dharma should be individually perceived". (加納2016: 43)

THAKUR によればこの引用箇所は *uttaratantra* 10 と指示されるが、加納2016: 43, fn. 158に指摘されるように、『宝性論』第１章第９偈（「法宝品第三」〔本頌２〕）に言及もしくは関連するものであろう。いまこの偈と高崎博士の訳を引用すれば次のとおりである。

> RG I.9: yo nāsan na ca san na cāpi sadasan nānyaḥ sato nāsato
> 'śakyas tarkayituṃ niruktyapagataḥ pratyātmavedyaḥ śivaḥ |

tasmai dharmadivākarāya vimalajñānāvabhāsatviṣe
sarvārambaṇarāgadoṣatimiravyāghātakartre namaḥ ||

「無でもなく、有でもなく、また、有にして無なのでもなく、有と異なるのでもなく、無と異なるのでもなく、論議することもできず、義解を離れ、各自に証知すべき、寂静なるもの——この、浄智の光明を放ちて、すべての対象に関わる貪瞋〔癡〕の眼翳を打破る、法の太陽に帰命したてまつる。」（高崎 1989: 18)〔下線＝新井〕

この『宝性論』第1章第9偈に対する散文釈を原文、高崎博士の訳によって示せば次のとおりである。

RG 11,18-21: samāsato nirodhasatyasya tribhiḥ kāraṇair acintyatvaṃ veditavyam | katamais tribhiḥ | asatsatsadasannobhayaprakārais caturbhir api tarkāgocaratvāt | sarva-rutaravitaghoṣvākpathaniruktisaṃketavyavahārābhilāpair anabhilāpyatvāt | āryāṇāṃ ca pratyātmavedanīyatvāt |.

「要約すれば、滅諦の〈不可思議性〉は三つの因によって知るべきである。三とは何々か。〔一〕有、無、有無、非有非無（非両者）という四種いずれの範疇によっても論議すべき領域ではないから。〔二〕一切の〔自然の〕音、〔人工の〕音、声（啼き声）、ことば（言語表現）、解説（義解）、慣用的表現、交信（世間的慣習または言語表現）等の言詮によっては、表現できないから。〔三〕そして、聖人たちの各自に証知すべきことであるから」（高崎 1989: 20-21）〔下線＝新井〕

この散文釈によれば、「滅諦の不可思議性」が三つの因によって知られるべきとされて列挙される項目の第三に「聖人たちの各自に証知すべきことであるから」と出ているが、高崎博士の和訳中、〔一〕〔二〕の記述によっても、不可説なるものがここで説かれていることは明らかであろう。

しかるに、これらの『宝性論』の記述における "pratyātmavedya" とは、『宝性論』第1章第145偈とそれに続く散文釈において、法身＝〈極清浄なる法界〉であり、また諸如来の〈自内証の法〉に関して (pratyātmam adhigamadharmam adhikṛtya) 言われているものと理解すべきである（cf. 高崎 1989: 123）という一節との連関をもつであろう。

RG 70,1-6: tatra dharmakāyaḥ katamaḥ |
dharmakāyo dvidhā jñeyo dharmadhātuḥ sunirmalaḥ |
tannisyandaś ca gāmbhīryavaicitryanayadeśanā || (RG I.145)

dvividho buddhānāṃ dharmakāyo 'nugantavyaḥ | suviśuddhaś ca dharmadhātur (*em.* cf. 高崎 1989: 323; °dhātor RG) avikalpajñānagocaraviṣayaḥ | sa ca tathāgatānāṃ pratyātmam adhigamadharmam adhikṛtya veditavyaḥ |.

「ここに、〈法身〉とは何であるか。
法身は二種と知るべきである。——よく垢を離れた法界と、および、その等流としての甚深なる、あるいは種々なる、教説とである。

諸仏の法身は二種と知るべきである。〔第一は〕〈極清浄なる法界〉で、〔これは〕無分別智のはたらく領域である。またそれは、諸如来の〈自内証の法〉

（悟り）に関して、〔いわれているもの〕と理解すべきである。」（高崎 1989: 122-123）

したがって、ジュニャーナシュリーミトラが、上掲 J 478,9-14 の一節において、“pratyātmavedya” という語によって意図したものも、法身であり、〈極清浄なる法界〉であると解釈できるようである。

なお、上記の考察を踏まえて、J 478,9-14 の “akṣara” という語には、拙訳では「不滅の」(imperishable) という意味を反映させた。高崎博士が『宝性論』第１章第10偈「離欲〔の果〕にして、かつ〔その〕手段たるもの」(yo yena ca virāgaḥ virāga) に関して、「この種の一語二義（行為と結果）はたとえば jñāna（認識行為と、知識すなわち認識結果）、yoga（心統一の行と、結果としての安定、あるいはヨーガ行と神との合一）など、インド思想にはすこぶる多い。本書〔『宝性論』＝新井註〕もそういう一元的思想を特に好む。」と指摘しておられることから示唆を受けたが、“akṣara” という語に、「記述」と「不滅のもの」という二義を意識的に同時に読み込んでジュニャーナシュリーミトラは用いていたと考えられるのである。

なお、ジュニャーナシュリーミトラは、本書第２章で扱った範囲の中でも、“akṣara” という語をさらに二回用いている。本書、88,15 及び 89,1 参照。また、“akṣara” に関して、伊原1967、金沢2014: 374-375参照。

ところで、加納博士は、J 478,10-14の一節に関連して次のように述べておられる。

> Jñānaśrīmitra summarizes RGV I.9, which teaches that the Jewel of the Dharma is the object of the individual self-awareness (*pratyātmavedya*), and equates it with self-awareness (svasaṃvedana), an epistemological term (here used, however, not within an epistemological discourse but rather in a soteriological one). (Kano 2016: 14)

“pratyātmavedyo dharmaḥ”の一節に関して、「自内証」を “svasaṃvedana” と等しいとみなし “soteriological” の意味を認めた加納博士の指摘は、ジュニャーナシュリーミトラの思想全体を示唆する点で、極めて重要なものであろう。すなわち、この一節に続く、「しかるに、「虚妄分別がある」と語りつつあるものにとって、自己認識から別の帰依処 (śaraṇa) がある、ということはない」の一文は、自らの瑜伽行派にとって、自己認識＝自内証されるべき法から別の帰依処はない、という文意となるであろうが、この帰依処とは、上掲『宝性論』第１章第145偈、あるいはたとえば、『宝性論』第１章第21偈及び散文釈 (RG 20,4-10) によっても、如来の法身、法界を指し示すことは明らかであろう。とすると、この J 478,10-14の一節には、ジュニャーナシュリーミトラの如来蔵思想の一端が表明されていることになると思われるのである。

以上のような関連を考慮すると、これは私の推測にすぎないが、シチェルバツスキーが提示した「宗教学派」とは、法界を重視する者たち、あるいは如来蔵思想に思想的親和性を持つ者たちというような意味で考えられるのかもしれない。

なお、『宝性論』とジュニャーナシュリーミトラとの関係について、加納 2014、Kano 2016参照。

[7] 覚 1981参照。ただし、M. Monier-Williams, *Sanskrit-English Dictionary* には、“1) "young king", an heir-apparent associated with the reigning sovereign in the government, crown prince;

2) Maitreya (the future *buddha*; 3) of various authors" と出ており、ここでは、一応未来仏としてのマイトレーヤと特定されているようである。

なお、マイトレーヤの史実性を始めとする問題、マイトレーヤの五法の問題については、袴谷憲昭「チベットにおけるマイトレーヤの五法の軌跡」(袴谷 2001所収) 参照。

[8] この「経 (sūtra)」とは、*Pramāṇavārttika* を指すだろうか。

[9] SS第6章に『月燈三昧経』が引用されている。Cf. J 510,25-511,5: uktaṃ ca candrapradīpe, bahūjano bhāṣati skandhaśūnyatāṃ na ca prajānanti yathā nirātmakāḥ | te aprajānanta pare hi coditāḥ krodhābhibhūtāḥ puruṣaṃ vadanti ‖ iti. ≈ T15.639: 558b7-10: 多人説陰空 不知陰無我 若問陰有無 顰蹙瞋言對。「また『月燈三昧経』において、「多くの人が蘊が空であることを語る。しかるに、彼らはどのように無我であるか理解していない。彼等は、それを理解していないとき、彼らは他の人から非難されると無慈悲な言葉を語る。」と」。

[10] この一節は、夢の中で構想された子供に関する議論にあるもので、「(子供に) 手で触れた」とういのは、子供の認識の具体例を表したものと理解しこのように訳した。

なお、この一文は、或るものXに関して考察がなされるならば、子がいないことがわかるので、喜びはそもそも起こらない、というような意味で一応解釈した。

[11] yuvarāja に関して先に箟氏の見解に言及したが、このような視点は、pūrvācārya の問題に想到する。yuvarāja 及び pūrvācārya の問題については今ここではジュニャーナシュリーミトラの作品における pūrvācāryaという語の唯一の用例を指摘して、試訳を付すに留めておきたい。Cf. J 358,13: vyāpakānupalambhe tu pūrvācāryacarcite 'numatimātram...「しかし、能遍の非認識が pūrvācārya によって規定されたので、承認のみがある。」

pūrvācārya の問題に関しては、特に、松田 1985、袴谷 2001参照。

なお、J には、SS における『解深密経』「マイトレーヤ章」の引用以外に、マイトレーヤの固有名が次のように一度だけ用いられていることを確認しておきたい。Cf. J 498,5-6: āryamaitreyanāyakanayātikrme hi kīdṛśī bauddhatattvasthitiḥ |.「実に、聖 (ārya) マイトレーヤと指導者 (nāyaka) の理趣を超えるならば、一体どのような仏教の実義の説があろうか。」

この一文中の nāyaka は、本文に引用した J 512,15 に出ているようにダルマキールティを指していると理解し試訳を与えた。始め āryamaitreyanāthaka° という読みかと疑ったが、このテキストは Ms: °nāyaka°によって確認される。ただし、この一文の前後に *Mahāyānasūtrālaṃkāra* の言及と引用がなされる SS の文脈を考えると、ダルマキールティがここで唐突に言及されるのも若干不自然な印象がある。

[12] ジュニャーナシュリーミトラは『根本中頌』以外にも、『六十頌如理論』*Yuktiṣaṣṭikā* k.34を引用している。J 405,1-2 参照。

[13] この一節は何とも考えさせられる内容であるが、「聖言の読誦 (āgamapāṭha)」に関連して、加納 2011参照。加納博士の研究によれば、アドヴァヤヴァジュラの作品『悪見破斥』*Kudṛṣṭinirghātana* 中の一節「仏画と経帙の供養の儀則」(paṭapustakapūjāvidhi)

に、次のような記述があるという。原文と博士の訳を引用すれば次のとおりである。加納2011: 49, 76: prajñāpāramitām samyag maṇḍalādividhānataḥ | paṭhitvā pūjayed nityaṃ tadartham avagāhanam ‖ 25 ‖ ekagāthāṃ caturgāthāṃ gāthādvitayadhāraṇīm | ṣaṇmukhīṃ bhadracaryāṃ ca triśkālaṃ ca trikālataḥ ‖ 26 ‖ ekākṣaram upādaya lakṣaṃ yavāt samāhitaḥ | akhaṇḍitasamādāno (read -samādhāno) yathālābhaṃ paṭhet sudhīḥ ‖ 27 ‖ buddhabodhisattvapaṭapustakapratimādīṃś ca pūjayet | paṭapustakapūjāvidhiḥ ‖.「『般若波羅蜜』を、曼荼羅などの儀則に則って、ただしく読誦して常に供養せよ。〔そして〕その意味の理解を〔なせ〕。『一偈』(*Ekagāthā*)、『四偈』(*Caturgāthā*)、『二偈陀羅尼』(*Gāthādvitayadhāraṇī*)、『六門陀羅尼』(*Ṣaṇmukhī*)、『普賢行願』(*Bhadracaryā*) を〔一日の〕三つの時に三度〔読誦せよ〕。智者は、集中し、〔最低でも〕一字から〔多ければ〕十万回まで、集中力を途切れさせず、得られるところに応じて、読誦せよ。そして仏菩薩の画、経帙、像などを供養せよ。〔以上〕仏画・経帙供養儀軌」。アドヴァヤヴァジュラは、ヴィクラマシーラ僧院のラトナーカラシャーンティ等に師事した顕密双修の仏教徒として知られるが、この記述は、11世紀の仏教における経典読誦のあり方の実際を伝える点で重要であろう。博士はまた、そのラトナーカラシャーンティの『ヘーヴァジュラ注・真珠鬘』にも、ここに現れる『一偈』『四偈』『二偈陀羅尼』『六門陀羅尼』『普賢行願』の読誦経典のセットが挙げられると指摘している。すなわち、ラトナーカラシャーンティがそこで註釈する『ヘーヴァジュラ』第2部第8章「所化の章」では、布薩、十学処、毘婆娑、経 (sūtrānta)、唯識、中観、密教一般、『ヘーヴァジュラ』が説き示されるべきものとして述べられている。しかるに、ラトナーカラシャーンティは、ジュニャーナシュリーミトラと同時代人として知られ、ジュニャーナシュリーミトラによって論駁の対象とされている人物である。ジュニャーナシュリーミトラが自らの著作において「聖言の読誦 (āgamapāṭha)」と述べる時、その「聖言 (āgama)」という語によって、ここで具体的にいかなる作品を想定しているのか、必ずしもSS本文からは明らかでないようであるが、ジュニャーナシュリーミトラがラトナーカラシーシャーンティの挙げる五作品のセットを知っていたことは十分考えられるであろう。また、ジュニャーナシュリーミトラの言う「考察に巧みでない者 (avicāracatura)」とは、その『ヘーヴァジュラ』の同箇所において教化の対象とされる「度し難い衆生」と呼ばれる者たちなのか、あるいは、このような「読誦経典」を説くラトナーカラシャーンティやアドヴァヤヴァジュラのような人々を念頭に置いたものか判然としない。あるいは、これをジュニャーナシュリーミトラ特有のinsinuatingな言い振りとみて、それらの両者に向けて語ったとも考えられるかもしれないが、確かなことは明らかでない。（ただし、上掲註6のJ 478,9-14において、「聖言」がRGを指していたとするならば、ここでも「聖言」とはRGを指していると解釈する可能性も考慮される必要はあろう。）

なお、ジュニャーナシュリーミトラは、SSで「読誦 (pāṭha)」という語を、J 481,1: siddhāntapāṭhamātreṇa、J 509,14: mantrapāṭhaḥのように用いているが、これらの語を含む箇所の読解は他日を期したい。

14 本論ではチベットの伝承に言及しなかったが、註5に掲げた袴谷論文で扱われているように、チベットには「聖典追従派」Luṅ gi rjes 'braṅs sems tsam pa (= āgamānusāriṇo vijñānavādinaḥ) と「論理追従派」Rigs pa'i rjes 'braṅs sems tsam pa (= nyāyānusāriṇo

vijñānavādinaḥ) の伝承がある。これらがジュニャーナシュリーミトラの著作に確認されることを付記する。新井 2012b参照。

J 283,26-27: uktaṃ ca nyāyānusāriṇā śaṃkareṇa, yat pramāṇaṃ yāvatīm arthagatiṃ vyāpnotītyādi |.

J 345,23-24: tathā pratyakṣe 'pi grāhyagrāhakayor bheda āgamāntarānusārī tathāpratītyā vyavahāryata iti na doṣaḥ |.

J 448,21-22: kevalaṃ nyāyāynusāriṇa ekatvam anuśiṣmaḥ |.

J 543,22-23: ṭīkāpy āhāgame kvāpi noktā nākāradhīr iti |
khyātācāryasthiramater āgamasyānusāriṇī ||.

15 J, Introduction: 25 参照。

16 筧 1981 参照。

17 筧 1981: 22-23 参照。

18 筧 1981: 22-23 参照。

19 宇井 1952: 9-10参照。

20 これに関連して、同時代のラトナーカラシャーンティが、『三乗建立』*Triyāna-vyavasthāna* (P4535) において、中観、及び唯識の上に「甚深広大な乗」(zab ciṅ rgya che ba daṅ ldan pa'i theg pa) として所作、行、瑜伽、大瑜伽、無上瑜伽タントラを置いたことは、ジュニャーナシュリーミトラとの思想に関する差異を示す点で注目されるであろう。林 1996: 82参照。

なお、naya の語に関して言えば、『法華経』「方便品」第69偈における用例に注意しておきたい。この語がここでは「一乗」に関連して引き合いに出されるからである。Cf. SP: 48,13-14: upāyakauśalya mamaivarūpaṃ yat trīṇi yānāny upadarśayāmi | ekaṃ tu yānaṃ hi nayaś ca eka ekā ciyaṃ deśana nāyakānām ||. この偈に関して、松本 2010: 514-515参照。

さらに、J における naya の次の二つの用例、即ち J 506,5: anaṅgajin nayavaho 及び J 367,6-9: sākārasiddhinayaṇātakasūtradhāraḥ は、それぞれ、瑜伽行派の系譜と有形象唯識説の系譜に緊密に結び付けられている点で注目に値する。これらの複合語を含む記述に関して、本書第 1 節参照。

naya と nīti はともに動詞語根 √nī から派生した語であるが、この二つの語の意味に関する微細な差異に関して詳しく論じなければならないものの、本論ではひとまず一括りにして見ておきたい。しかるにこれらの語に関連して、nāyaka が同じく動詞語根 √nī から派生した語であり、「主人公」の意味でも用いられることを考慮すると、ここに仏教思想史に関するジュニャーナシュリーミトラの意識が反映されているようで興味深い。これと同様のことは、上の二つの用例のうち後者において「有形象証明の naya を演じる (ṇātaka) 」と述べられているところにも見てとれるかもしれない。

21 筧1981: 25参照。

22 袴谷2001所収「Pūrvācārya 考」参照。ジュニャーナシュリーミトラの pūrvācārya に対する言及に関しては、本章第 1 節註11参照。

なお、本節が「Pūrvācārya 考」より強い示唆を受けて書かれていることを付記したい。

[23] 本章第1節7-8頁参照。

[24] これに関して、本章第1節註11を参照されたい。

[25] 『宝性論』冒頭に掲げられる七種金剛句において、世尊を説明する三句の中、第三「僧衆」に関連して、yauvarājya の記述がある。梵語本文と高崎直道博士の和訳を掲げれば次の通りである。

RG 4,5-7: yato daśamyāṃ bhūmāv anuttaratathāgatadharmayauvarājyābhiṣekaprāpty-anantaram anābhogabuddhakāryāpratipraśrabdho bhavati tasmāt sa supravartitadharma-cakro 'nantaśiṣyagaṇasuvinīta ity ucyate.

「菩薩の第十地にあって、無上なる如来の法の皇太子として灌頂を得てすぐに、かれは努力もなしに仏のはたらきを倦むことなく果たすようになる。そこで、よく法輪を転じたかれは、「限りない弟子衆をよく導かれた」といわれる。(高崎 1989: 8)〔下線＝新井〕

ジュニャーナシュリーミトラは SS に『宝性論』を引用しているから、この記述を知っていたものと思われるが、ただ、彼がこの一節から yauvarājya の着想を得たということに関して言えば、それを彼自身が明言しているわけではないため、我々はその関係を推し量ることによって知るほかないであろう。

[26] なお、本節は、本書第1章第2節において得られた課題に関連して、ジュニャーナシュリーミトラと『宝性論』を主題とするものであるが、加納和雄博士のご厚意により、目下、出版を準備しておられる学位論文中、ジュニャーナシュリーミトラ及び『宝性論』関連個所の草稿を拝読する恩恵に浴した。学恩に対して厚く感謝申し上げたい。

[27] 本章第2節参照。

[28] 本節で扱うのは、第2節で取り上げた十六箇所の yuvarāja の用例の中、第七の記述である。

[29] 「二つ」とは、文脈上、顕現と果を生じること (pratibhāsārthakriyā) を意味すると一応解釈しておきたい。すなわち、記述 [1] の直前に次のように出ている。*Cf.* J 501,1-3: vihāyaḥpratibimbādi brahmadṛṣṭānto yadi | saṃbhogālīkatā sidhyet bādhaśaktis tu cintitā || pratibhāsārthakriyayor avicchedena.「《もし、梵天の比喩に基づいて虚空と映像等があるならば、受用〔身〕が虚偽であることが成り立つであろう。しかし、無効因の能力が考えられた》。顕現と果を生じることの間の妨げがないことによってである。」

[30] 高崎 1989: 191参照。なお、『宝性論』第4章第53-54偈は漢訳に欠く。

[31] 高崎 1974: 612-613参照。

[32] 『宝性論』第4章第78-79偈参照。『智光明荘厳経』における梵天の比喩の記述について、『梵藏漢対照『智光明莊嚴經』大正大学綜合佛教研究所梵語佛典研究会〔編〕大正大学出版会、2004: 46-51、『如來莊嚴智慧光明入一切佛境界經』巻上(元魏・曇摩流支譯) T12.357: 242a3-b19、『佛說大乘入諸佛境界智光明莊嚴經』巻第二(宋・法護等訳) T12.359: 256b21-257a7、及びチベット語訳 *'Phags pa saṅs rgyas thams cad kyi yul la 'jug pa'i ye śes snaṅ ba'i rgyan ces bya ba theg pa chen po'i mdo* (Surendrabodhi, Ye

śes sde等訳、P768）khu 309b6-311b1、高崎 1975: 302-306参照。なお、『度一切諸佛境界智厳経』（梁・僧伽婆羅訳、T12.358）に当該記述はない。
なお、中村 1982参照。
この「梵天」の比喩に関する記述が、『智光明荘厳経』の他の比喩とともに、『華厳経如来性起品』すなわち『性起経』に見出されることが高崎博士によって指摘されている。もっとも、高崎博士は、九喩のうち、帝釈天と地の二つの比喩以外はすべて『性起経』に見出されるからと言って、日光の喩えを除けば、必ずしも内容まで一致するわけではなく、借用は事実としても、あまり重大視することはないように思われると指摘しておられる（高崎 1974: 615-616参照）。
今問題となっている『性起経』の十相中第二「如来身」（〔可見の〕身体を現ずること sku yaṅ dag par bstan pa）第七の譬喩については、竺法護訳『佛說如來興顯經』T10.291: 599c15-29、佛馱跋陀羅訳『大方廣佛華嚴經』第32「寶王如來性起品」T9.278: 617a26-b3、實叉難陀訳『大方廣佛華嚴經』第37「如来出現品」T10.279: 267a14-21、チベット語訳 *'Phags pa de bźin gśegs pa skye ba 'byuṅ ba bstan pa['i le'u]*（Jinamitra, Surendrabodhi, Ye śes sde等訳、P761）śi 96a2-6、高崎 1975: 176-177参照。
『性起経』は諸仏の出現を如来法身の顕現と考え、それを十相でもって説く経である（高崎 1974: 576参照）。今引用した『性起経』の箇所には『智光明荘厳経』及び『宝性論』における梵天の住処の比喩が、文字通り出ているわけではなく、梵天がわずかの方便によって身をあらわすと記述されているが、これは『智光明荘厳経』において不生不滅なる如来の出現の譬えとして梵天とその住処が引き合いに出されていたのと異なる。
33 「それ」とは『宝性論』第４章第53偈を指す。
34 “kāyaś ca turyo bhavet” の一文が引用であるのか、それともジュニャーナシュリーミトラ自身によるものであるのか判断し難い。あるいは、「第四の身が生じるであろう」と訳すべきかもしれないが、この「第四」が何を示すか明瞭ではない。法身の規定としていわゆる「常楽我浄」が知られるが、この四項は必ずしも順番が一定であるわけではないであろうから、「第四」をこのうちの「浄」と解釈することは難しいかもしれない。
また、ハリバドラが主張するとされる、自性身と法身を厳密に区別する「四身説」に言及するものと見ることも可能かもしれないが、記述 [1]、もしくはその SS の前後の文脈においてこのような記述は見られないようであるから「四身説」を意味するという解釈も採り難い。なお、この四身説については、天野 1964参照。
35 「信じられるべきものにおいてのみ (śraddheya eva)」の解釈に関して、『宝性論』所引『不増不減経』の一節 RG 2,10-11: śraddhāgamanīyo hi śāriputra paramārthaḥ.「というのは、シャーリプトラよ、最高の真実は信によって理解されるべきであるから。」を参考とした。『不増不減経』では「一界」という甚深義が、信によって理解されるべきであり、第一義諦、衆生界、如来蔵、法身と同義語であるとされるが（高崎 1974: 73参照）、ジュニャーナシュリーミトラは『宝性論』を通して『不増不減経』の所説を知っていたものと推測される。「信によって理解されるべきもの」と「信じられるべきもの」という二つの概念は、厳密には異なる。ここで問題となるのは、それの対象というよりむしろその「信」の意味合いであろう。これに関して、袴谷 2008: 550-575参照。

[36] J 496,5-8: [1]prakṛtyāśraṃsanenāpi prabandhena ca nityatā[1] | iti | atra ca bhāṣyam, prakṛti-nityatā svābhāvikasya, svabhāvenaiva nityatvāt | aśraṃsane sāmbhogikasya, dharma-sambhogāvicchedāt | prabandhena nairmāṇikasya, antarddhāpya punaḥ punar nirmāṇa-saṃdarśanād iti |. [1] = MSA IX.66. 「「また、本性によって絶え間ない相続によって常住性がある。」 またこれについて釈がある。「自性〔身〕は本性によって常住である。自性によってのみ常住であるが故に。絶え間ないことにおいて、受用〔身〕は常住である。法の受用は妨げがないから。相続によって変化〔身〕は目に見えなくしてから、繰り返し変化〔身〕を示すから」。」

[37] 「マイトレーヤの五法」に関して、袴谷憲昭「チベットにおけるマイトレーヤ五法の軌跡」(袴谷 2001: 164-200)、同「チベットにおける唯識思想研究の問題」(袴谷 2001: 451-470)参照。

[38] すなわち、J には、SS における『解深密経』「マイトレーヤ章」の引用 (J 478,3) 以外に、マイトレーヤの固有名が次のように一度しか用いられていないことを確認しておきたい。Cf. J 498,5-6: āryamaitreyanāyakanayātikrame hi kīdṛśī bauddhatattvasthitiḥ. 「実に、聖マイトレーヤと指導者の理趣を超えるならば、一体どのような仏教の実義の説があろうか」。この一文については、本章第2節を参照されたい。

[39] たとえばジュニャーナシュリーミトラは、如来蔵に関して『宝性論』第1章第154偈を含む一節 (RG 75,13-76,2) を J 487,10-17 に引用している。

[40] この一文は PPU 及び MAU からの引用である。ほぼ同文であるため、PPU の記述のみを引用しておこう。なお、この PPU の一節が、記述 [1] に先立ってすでに SS に引用されていることは、Kajiyama 1965: 36-37 に指摘されている。Cf. PPU P ku 168a6-7 = D hi 148b2-3: de dag gi ltar na gsal ba thams cad phyin ci ma log pa'i raṅ gi ṅo bo myoṅ ba'i phyir / thams cad 'khrul pa med par 'gyur ro / des na sems can thams cad rtag tu grol bar 'gyur la / rtag tu yaṅ dag par rdzogs pa'i saṅs rgyas ñid du 'gyur ro /. = J 387,8-9: tathā hi sarvair (*em.* : sattvair J) eva prakāśair aviparītasvarūpasaṃvedanāt bhrānter atyantam abhāvaḥ syāt. tataś ca sarvasattavāḥ sadaiva muktāḥ sadaiva samyaksaṃbuddhā bhaveyuḥ. 「彼ら二人〔有形象知論者である、或る瑜伽行派と中観派〕のようであるならば、ほかならぬ一切の照明 (prakāśa) によって不顛倒な自己の形象を認識するから、迷乱は全く存在しないであろう。また、それ故に、一切衆生は、正に常に解脱したものとなり、正に常に正等覚したものとなるであろう。」

[41] Cf. PPU, ku, 167b8-168a3. この PPU の一節は、J 368,6-10 への引用によって梵語本文が回収される。

[42] Kajiyama 1965、松本 1980、1980a、沖 1982a、1982b 等参照。

[43] Matsumoto 1980 参照。

[44] Cf. J 375,18: satyatavaṃ nīlasya. 「青は真実である。」

[45] 久間 2002: 522, 530 参照。

[46] この "tadanādare ca pratibhāsamātrāt na viśeṣa" の記述に関して、「しかるに、それ〔=果を生じること〕が考慮されないとき、顕現のみに基づいて (pratibhāsamātrāt)、

区別 (viśeṣa) は存在しない」と理解し、別異性の否定として解釈することもできるかもしれない。

[47] 知の本質は無区別である。本書第3章第1節参照。

[48] 記述 [14] の所説をウダヤナが批判していることについて、本書第3章第2節を参照されたい。

[49] なお、久間博士は、ジュニャーナシュリーミトラがダルマキールティ以降のインド仏教論理学派の伝統に従って、存在性の定義として「果を生じる能力」を用いる一方で、「果を生じる能力」という概念を利那滅論証の論証手段であると見なす立場を採っていることを指摘した上で、ジュニャーナシュリーミトラが、「果を生じる能力」に代わる存在性の定義について彼の *Kṣaṇabhaṅgādhyāya* に基づき、「錯誤のない鋭敏な知覚における顕現」によって知覚対象の存在性が保証されると考えていたことを指摘しておられる。久間 2002: 519 参照。

[50] 松本博士の訳を掲げさせていただいた。松本 1980a: 158 参照。なお、チャンドラキールティは経証として *Laṅkāvatārasūtra*, k.568 引用している。小川 1976: 196 註2、松本 1980a: 158 参照。チャンドラキールティの自己認識説批判を扱った山口 1941、小川 1988、岸根 2001 を参照し、裨益されたが一々註記しなかった。また、瑜伽行派の中観派批判を扱った論文として松本 1980a、1980b より多くの示唆を受けた。

[51] Cf, BCAP 391,12-392,10 (ad BCA IX.17cd-18ab).

[52] 他の二箇所は、J 467,8-10; 470,18-25 である。本書第2章「註」2を参照されたい。

[53] Cf. J 475,8-11: tato bhautair iva paraiḥ kalpitāny eva svarūpāṇi vigalantu puraḥprakāśinaḥ kim āyātaṃ bādhāyāḥ. tataḥ.

> yady eṣa eva siddhānto na viśeṣas tadāvayoḥ |
> bādhe tu sarvathā 'bhāvaḥ kathaṃ lokād abādhanam ||.

それ故に、狂った人たちによってと同様に、他の人々によって分別されたものにほかならない自己の形象 (svarūpa) は消滅せよ。眼前に顕現しているもの (puraḥprakāśin) が無効にされるとき、一体何が得られるのか。それ故に、

> もし、ほかならぬこれが定説 (siddhānta) であるならば、その時には、我々両者の区別 (viśeṣa) はない。しかし、〔眼前に顕現しているものが〕無効にされるならば、いかなるあり方でも (sarvathā) 非存在 (abhāva) がある。一体どうして、世間に基づいて無効にしないのか。

[54] 松本 1980a: 161-163参照。

[55] 本論で言及する BCAP の箇所は、塚田 1988に訳出されており有益である。またプラジュニャーカラマティの自己認識説批判は、山口 1941、太田 1967 に論じられている。

[56] この記述 [18] に引用される MA の直前に出る「自己認識に対して (ātma-saṃvedane)」の語を補って解釈しておきたい。なお、プラジュニャーカラマティの言葉遣いに関連して、この記述 [18] の中だけでも、自己認識に関して、ātmaprakāśana, ātmaprakāśa, ātmasaṃvedana, svasaṃvedana の語が用いられてその用法が一定していないような印象を受けるが、記述 [18] の "svahetujanitasyātmaprakāśasyānupaghātāt. iti nātmasaṃvedane pratipāditadoṣaprasaṅgaḥ" の一節を読む限り、プラジュニャーカラマ

ティは "ātmaprakāśa" をより根源的なものと見なして、自己認識 (ātmasaṃvedana, svasaṃvedana) を捉えていたように思われる。

57 「これ」の示す内容は幾分曖昧なように思われるが、J 471,7-8 に中間偈 (antaraśloka) として直前に引用された MA 16cd-17ab の内容を、従って「自己認識」を指すと解釈しておきたい。

58 この文の iti までの内容を述べる人物であり、プラジュニャーカラマティを指す。

59 MA 16cd-17ab を指すであろう。

60 ただし、この記述 [19] では、本論文初出時（新井 2004）に考察したように、「そのような種類のもの」の内容を、自己認識とする解釈もできるかもしれない。すなわち、シャーンタラクシタが世俗において自己認識を認めていたことに言及するものとして行う解釈である。しかし本書では旧稿の解釈を改め、この記述 [19] は、世間に関連してプラジュニャーカラマティの視点から述べられたものと見なし、「そのような種類のもの」を「単一なる自己認識に行為対象等の三つの自性を認めること」に言及するものと解釈した。というのも、すでに BCAP の記述 [18a] で述べたように、プラジュニャーカラマティによれば、自己認識という語は、世間の人々によって一般的に承認された語の意味、今の場合具体的には「単一なる自己認識に行為対象等の三つの自性を認めること」によって意味が把握されるものだからである。あるいは、「無効にするもの」を指すかもしれない。

61 ジュニャーナシュリーミトラは、同偈 cd 句 "buddhiḥ prakāśata iti jñātvedaṃ kena kathyate ||" を "jñānaṃ prakāśata iti kenedaṃ suhṛdocyate ||" と改変して引用する。したがって、次の BCA IX.23 では、日本語訳ではともに「知」であるが、BCA 原文の "buddhi" を主語とみなして訳してある。

また、d 句で "kena" とのみ記述されていたのに対して、"suhṛd"（良い心をもった人）の語が補足されている。すなわちジュニャーナシュリーミトラは、自己認識を否定する中観派の立場を借りて、自己認識を認める者、即ち瑜伽行派を意味するものとして "suhṛd" の語を敢えて補足していると理解できるであろう。しかし、自らを「良い心をもった人」と呼称する点に、ジュニャーナシュリーミトラが著作する際に持った或る心的傾向を認めないわけにはいかないであろう。

62 Cf. BCAP 399,10: **sā** svasaṃvittir.「それとは自己認識である。」

63 ここで私はテキストに訂正を施している。この訂正に関して、次のような問題があるかもしれない。すなわち、"lokāpekṣayā'loka" において、avagrahaによって "a" が示されるが、その場合、Jの写本家 (scribe) がavagrahaによって当然の如く明瞭に "a" の読みを伝えていることは、例えば、本章で扱ったJの範囲においても、J 472,18: vā'bhāvaḥ Ms : vā abhāvaḥ J（本書「サンスクリットテキスト」: 82,7、「本文の和訳」: 97,22）や J 475,11: sarvathā'bhāvaḥ Ms/J （本書「サンスクリットテキスト」: 86,3、「本文の和訳」: 103,15）の例から知られる。

しかし、saṃdhiの上から言えば、"lokāpekṣayā'loka" は訂正して lokāpekṣayā loka とも読めるのであるから、ジュニャーナシュリーミトラは先にBCAPの記述 "loka eva bādhako bhaviṣyati" を引用しているため、再度ここに同文を引用したと見なして、avagrahaによって示される "a" の読みを誤りと見ることができるであろう。すなわち、写本家による筆写上の問題と見なし、“aloka” を loka と訂正するのである。ここでの私の解釈もこれに基づく。

しかし、この解釈ではなく、ジュニャーナシュリーミトラがBCAPの記述を書き変えて、“loka eva bādhako bhaviṣyati” の “loka” を “aloka” と読み替えた可能性を考えなければならないであろう。すなわち、問題の一節を「実に、世間に依存して、他ならぬ非世間 (aloka) において、無効にするものが生じるであろう」と読み、世間に依存して、誤った世間においてさえ、無効にするものが生じるであろう、というように、「非世間 (aloka)」を、チャンドラキールティによる「非世間世俗 (alokasaṃvṛti)」と解釈するのである。

しかるに、この解釈の問題は、ジュニャーナシュリーミトラが、“aloka” という唯一つの語をもって、alokasaṃvṛtiを意図していたのかどうか、という点であろう。SSの他の箇所に同様の用例は見出せないようであるが、この点が確定されない限り、テキストの “aloka” は採用し難いのではないであろうか。

また、この “aloka” という読みは、写本家が意図的に “loka” を修正した結果であるという可能性も排除できないであろう。“loka eva bādhako bhaviṣyati” の一文はすでに前に一度出ているから、再度ジュニャーナシュリーミトラが同文を記述することに対して、何らかの思惑が働いたと想定されるからである。

もしかすると、ジュニャーナシュリーミトラ（あるいは書き変えを行ったかもしれない写本家）は、プラジュニャーカラマティや他の仏教徒に対して、敢えてこのような文章を書いたのかもしれない。というのも「非世間」からさえ「無効にするもの」が生じると言われること以上に辛辣な評はないであろうからである。

しかるに、以上の諸点を考慮すると、本文批判 (textual criticism) 上の有名な原則lectio difficiliorによって、つまりより難しい読みの方が原文であると考えることで、Ms/Jのとおりに “aloka” の読みを原文と見なした方がよいかもしれない。しかし、いかなる読みが原文なのか、今の段階ではまだ判断し難い点が残るのも事実である。

ここでは、BCAPの引用であることを根拠として本文を訂正して読み、以上のような諸解釈の可能性があることを指摘するのみにとどめさせていただきたい。

64 この説は、プラジュニャーカラマティが世間の言説に基づくことがなければ、世俗諦が得られない、と述べていることを踏まえているであろう。Cf. BCAP 367,12-13: saṃvṛtisatyaṃ tu lokavyavahāram āśritya prakāśitam |.「一方、世俗諦は世間の言説に依存して説明される」。

65 ただしこの場合に、世俗によって自己認識を認めるとは述べられていないことには注意が必要であろう。

66 ジュニャーナシュリーミトラのこのような意図は、箕 1970 においてすでに指摘されており、久間 1996 においても、経量部説と唯識学説に対するジュニャーナシュリーミトラの思想的立場が論じられ、彼の SSg にジュニャーナシュリーミトラのこのような傾向が指摘されている。久間博士は、ジュニャーナシュリーミトラの経量部説と唯識学説に対する思想的態度を論じ、ジュニャーナシュリーミトラが経量部説に基づいて因果関係を肯定し、唯識学説に基づいて因果関係を否定するが、前者を世俗、後者を勝義と見なすために、矛盾をきたさないという点を、結論の一つとして挙げておられる。久間 1996: 73、KYUMA 2005、久間 2012参照。つまり、経量部説と唯識説に対しては、学説の階層化というやり方によって矛盾を解消しているのである。このような学説の階層化の仕方は、久間博士も述べておられるように、中国や日本では教相判釈としてよく知られているし、またインドで、シャーンタラクシタが MA でこの方法を採っていたことは梶山博士が指摘するとおりであろう。久間 1996: 72、梶山 1983: 59-50 参照。また、谷貞志博士は「プラジュニャーカラグプタに関しては、ジュニャーナシュリーミトラが基本的にプラジュニャーカラグプタに準拠していることとジュニャーナシュリーミトラが有形象唯識の立場をとりながらその最終到達点ともいえる自己認識を中観の境域と同定しようとすることからみて中観・唯識の総合化をねらっていたと見たい」〔下線＝新井〕（谷 2000: 308-321、特に 310参照。）と述べておられる。

なお、注目されるべきことに、ラトナーカラシャーンティもまた、瑜伽行派と中観派の学説が等しいことを述べているが、しかしその場合でも、この二つの学説に、依他起性と円成実性を有と見るか否かにおいて相違点があることが認められているという。このラトナーカラシャーンティの論述に関しては、松本 1980b: 154-155参照。

[67] この問題は、11世紀頃のインドの状況と関連があるかもしれない。すなわち、この時代には論理学に対し否定的でありチャンドラキールティを崇拝する中観思想家が認められるが、その一人として、プラジュニャーカラマティを挙げることができるのである。ラトナーカラシャーンティがチャンドラキールティの学説を激しく批判したことは松本 1980a において指摘されているが、ジュニャーナシュリーミトラは、チャンドラキールティの思想を祖述するプラジュニャーカラマティにその批判の矛先を向けたのである。以上の問題については、松本 1980a: 168-169参照。

[68] yad api . . . na kṣatiḥ の箇所について、Msには判読し難い箇所や乱れ、欄外の書き込みがあり、テキストに問題があるようである。将来この読み、解釈は訂正される可能性がある。

第２章　『有形象証明論』「自己認識章」の考察

はじめに

本章はジュニャーナシュリーミトラ著『有形象証明論』*Sākārasiddhiśāstra* (SS) 第５章「自己認識章」Svasaṃvedanapariccheda (SS V), J 470,18-478,12 の和訳研究である。

かつて私は、新井2004においてジュニャーナシュリーミトラの中観派との対論の問題を扱い、その一端を明らかにしようと試みたが、そこで中心的な動機となったのは、SS Vにおけるプラジュニャーカラマティ Prajñākaramatiの『入菩提行論細疏』*Bodhicaryāvatārapañjikā* (BCAP) の引用であった[1]。

BCAPを含むSSの三つの記述のうち第三はすでに第１章で取り上げており、第一と第二は本章当該箇所において考察されるが、本研究を貫く主題の基点となる重要な記述であるから、今あらかじめその引用を含む本文と訳を挙げておこう。

(I) J 471,10-11: yat punar atroktam evaṃvādino loka eva bādhako bhaviṣyatīti tad anenaiva nirastam, loke tathāvidhāyā vivakṣāyā dṛṣṭatvāt.
しかるに、何であれ、これ〔＝MA 16cd-17ab〕に関して、「他ならぬ世間の人々において、無効にするものが生じるであろう」とこのように語る人〔＝プラジュニャーカラマティ〕によって言われたもの、それは、同じこれによって否定されたのである。そのような種類のものを語ろうとする意図は、世間の人々において認められるが故に。〔下線部≈BCAP 397,4〕

(II) J 471,23: satyam, lokāpekṣayā loka eva bādhako bhaviṣyatīty apahastayitum.
実に、世間に依存して、「他ならぬ世間の人々において無効にするものが生じるであろう」というのは、捨てられるためにある。〔下線部

≈BCAP 397,4〕

(III) J 481,22-23: yady apy ucyate, na cāpi jaḍasvabhāvatā madhyamakavādinaṃ prati [1] kasyacit siddhā, yena tadvyāvṛttam ajaḍaṃ svasaṃvedanaṃ syād iti...

([1] BCAPにはここに paramārthataḥ の語が加えられる。)

たとえ〔プラジュニャーカラマティによってBCAPにおいて〕、「また、中観論者によって、或るものが無感覚なものを自性とすることが成立する、ということもない。さもなければ〔＝或るものが無感覚なものを自性とすることが成立するならば〕、それ〔＝無感覚なもの〕とは異なった、無感覚でない自己認識があるでもあろうが」と言われるとしても……」〔下線部≈BCAP 397,8-10〕

ジュニャーナシュリーミトラは、一方において、このように BCAP を引用してその所説を批判するが、他方で、SS Vに他の中観派の文献、即ちシャーンタラクシタの『中観荘厳論』*Madhyamakālaṃkāra* (MA) やシャーンティデーヴァの『入菩提行論』*Bodhicaryāvatāra* (BCA) を引用し論拠とすることによって、自己の学説を構築するのである[2]。

さて、本章で取り扱うSS Vは、私の考えでは大きく三つの主題、即ち、(1) 自己認識説の表明、(2) 中観派駁論、(3) 自説の正統化によって構成されていると思われる。

本章で訳を提出するのはこのうち (2) 全体及び (3) の一部の範囲となるが、これらの三つの主題を簡潔に示しておこう。

(1) 自己認識説の表明 J 466,1-470,17.

ここで自己認識説が表明されるが、他認識が議論の主題となる。その内、他認識に関する次の一節のみ挙げておきたい。J 468,24-25: pratyakṣasya ca skhalanaṃ viṣaye bhrama eva. bhramaś ca paravittiniyata iti kaḥ svasaṃvedanasya[1] pratimallaḥ. ([1] svasaṃvedanasya] Ms; saṃvedanasya J, cf. Kyuma 2005: 52, Fn. 52.)

「また、現量の錯乱は対象に関する迷乱にほかならない。そして迷乱は他認識に関して確定したものである。それ故に、自己認識にとって、一体いかなる敵対者があるのか。」[3]

(2) 中観派駁論 J 470,18-477,15.

ここで、BCA及びBCAPの自己認識説批判が引用され、再批判される。中観派の自己認識説批判の要点は次の二つである。

(a)「自己作用の矛盾」を論拠とする自己認識説批判 [J 470,18-475,21]

この批判の論理に関して言えば、シャーンティデーヴァ、プラジュニャーカラマティはチャンドラキールティに大きく依存すると考えられる。詳しくはそれぞれの当該和訳箇所において言及するが、ここでは、中観派が自己認識を勝義においてだけでなく、世俗でも否定していることがBCAにおいて言及されており、さらにこの問題に関してBCAPの所説が引用され批判される。

(b) 想起に基づく自己認識説論証に対する批判 [J 475,22-477,15]

なお、この (2) の分節の根拠について補足すれば、Ms には、本章で和訳される主題(2)の冒頭の記述 “yat punar yuktivāditā°” (J 470,18) の直前に、分節を示す記号が確認される (cf. Ms 107a2)。Jにこの分節記号の指摘はないが、この記号の存在、及び内容的な判断から、J 470,18での分節を妥当と判断した[4]。

(3) 自説の正統化 [J 477,16-482,20]

『根本中頌』*Mūlamadhyamakakārikā* I.1a: “na svato nāpi parataḥ” (= J 477,19)、『解深密経』*Saṃdhinirmocanasūtra* VIII.7 (Saṃdh 91,8-9): “na hi maitreya, tatra kaścid dharmaṃ pratyavekṣate, api tu tathā samutpannaṃ tac cittaṃ yat tathā khyāti.” (= J 478,3-4)、『量決択』*Pramāṇaviniścaya* I.54cd: “apratyakṣopalambhasya nārtha-dṛṣṭiḥ prasidhyati |” (= J 478,7) 等が引用され、自己認識説の正統化が計られるとともに、諸学説の統合が試みられているようである。

これらのうち、「唯識」が初めて表明された『解深密経』「マイトレーヤ章」の一節は、ジュニャーナシュリーミトラが『解深密経』以来の瑜伽行派の伝統に連なることを明示もしくはそれを意図していると見なし得る点で重要と思われる。というのは、チベットの伝承等によって、ディグナーガ以降の瑜伽行派は、それ以前の伝統的瑜伽行派と区別されて語られるのが常であるが、「唯識」そのものの捉え方は基本的に「マイトレーヤ章」で述べられたものから逸脱することなくジュニャーナシュリーミトラにまで維持されていると思われるからである。

なお、後半部分 (J 481,22-23) で上掲 (III) のBCAPの記述が取り上げられ、再度批判されるとともに、自己認識説が主張される。

以上がSS Vの大きな構成であるが、これらのうち、(2) において、上述した中観思想家達の複数の著作が引き合いに出され重点的に論じられている。

しかるに、ジュニャーナシュリーミトラは SS 第1章の冒頭に中観派の見解を引き合いに出して[5]、次の三つの点に言及している。第一に、「一多を離れていることを特質とする正理」、すなわちシャーンタラクシタが、MA 1において一切法の無自性性を証明する証因に言及していること、第二に、その直後に *Pramāṇavārttika* III.209cd が引用されていることであり[6]、そして第三に「識の教義が単なる世俗 (saṃvṛtimātra)」と呼ばれていることである[7]。これによって、ジュニャーナシュリーミトラが中観派の見解として、そこでは主にこの三点を認めていたことが知られるが、本章で取り上げる SS V の範囲 (J 470,18-478,12) に関して言えば、これらの三つの観点からの議論ではなく、中観派の思想家達における自己認識説の評価を問うて、中観派に対抗する強い反駁の意識の表出が明瞭である。即ち、批判とは学問の同義語であろうが、そのような学問的に洗練された批判が全体を貫いているというより、むしろ中観派に対抗して (*contre*) 著述した態度が鮮明であると思われるのである。その意味で、本章の範囲の議論に、「中観派駁論」という名称が与えられよう。そしてそれは、本書のまえがきで述べたように、ジュニャーナシュリーミトラが11世紀のインド仏教の複雑多岐な流れの中で、積極的に自らの立っている位置を明確にしようとした意識を正に示し得るものではないかと考えられるのである。

ジュニャーナシュリーミトラの研究は、1932年、E. FRAUWALLNER が他学派の作品にジュニャーナシュリーミトラの作品が引用されていることを報告したことに始まるが[8]、1937-38年、R. SĀṄKṚTYĀYANA がチベットのZhalu僧院よりもたらした多数の写本からジュニャーナシュリーミトラの作品群を報告し[9]、その後1959年 A. THAKUR が校訂テキスト『ジュニャーナシュリーミトラ作品集』*Jñānaśrīmitranibandhāvali* を出版、1987年には第2版が刊行されている。1963年には、梶山雄一博士が『因果関係証明論』*Kāryakāraṇa-bhāvasiddhi* の英訳を発表し[10]、ジュニャーナシュリーミトラ研究に先鞭を付けた。SS に関する研究に関して言えば、1970年にはすでに言及したように筧無関氏が SS を主題とする二つの論文（筧 1970a、1970b）を発表した。その後、1977年にはE. STEINKELLNER 教授がジュニャーナシュリーミトラの失われた作品『一切知者証明』*Sarvajñasiddhi* のサンスクリット断簡を収集し発表された[11]。

しかるに、ジュニャーナシュリーミトラの著作、特にSSに関して言えば、これまで多数の翻訳、読解によって研究が進められ、私自身もそれらの論考から多くのことを学んでいるが、しかしながら、ジュニャーナシュリーミトラの浩瀚な作品群にあって、なお、SSの全体にわたって理解の困難な点は未だ少なくなく、解釈を提示するにも時に断片的な言及に留まらざるを得ないことさえある。ジュニャーナシュリーミトラの思想に関して、内容理解に多く難点は認められるものの、研究の進展を図るため、註を付したジュニャーナシュリーミトラの作品の訳の必要性を認め、ここに本和訳を発表する所以である。

---

[1] この引用の存在をご教示いただいた松本史朗博士に、心から深く感謝を申し上げたい。この引用の確認が、ジュニャーナシュリーミトラの中観思想に対する見解だけでなく、プラジュニャーカラマティの思想史上の位置を理解するために、さらに後期インド仏教史を解明するために極めて重要であることを銘記すべきである。

[2] 自己認識説をめぐってなされるこの議論に関する詳細については、本書第1章第5節を参照されたい。プラジュニャーカラマティを批判するジュニャーナシュリーミトラは、しかし、シャーンティデーヴァを有形象唯識説を承認すると見なし、BCA IX.26を引用しているが、これによってジュニャーナシュリーミトラが、シャーンティデーヴァの中観思想を自己の有形象唯識説と同一視しようとする意図が確認される。Cf. J 476,11-12: sākārapakṣa eva śāntidevapādānām abhimataḥ.「ほかならぬ有形象の主張がシャーンティデーヴァ尊者によって承認された。」なお、斎藤1996、Kyuma 2005: 77-79, Fn. 99参照。

[3] なお、他認識に関して、Kajiyama 1998: 52, Fn. 118参照。

[4] 写本読解について、加納和雄博士より有益なご教示をいただいた。ここに記して謝意を表したい。ただし、その責が私にあることは言うまでもない。Msに関しては、Kyuma 2005: 特にL-LVI、及びKellner 2007: 21-27参照。

[5] Cf. J 367,31-368,5: bhavantu sitaśātādayaḥ prakāśaikasvabhāvāḥ, svabhāvaśūnyatāṃ tu nātivartitum īśate. yadi yuktir ekānekavirahalakṣaṇā bāhyam asaṃbhavi saṃbhāvayitum upanīyate sā na vijñānasvabhāvatām ābibhrāṇebhyaḥ śubhrādibhyo vibheti. tasmāt sarvadharmaśūnyataiva jyāyasī yathā prathitam āgame bahuśaḥ. vārttike 'pi, yathā yathārthāś cintyante viśīryante tathā tathā ‖ (PV III 209cd) ‖ iti. saṃvṛtimātraṃ tu vijñānanītir iti.「白と楽等が顕現を一つの自性とするとしよう。しかし、自性が空であることを否定することはできない。もし、一多を離れていることを特質とする正理が、存在していない外〔界〕を有り得べきものにするために用いられるならば、彼等（唯識派）が識の自性を保持する限り、白等を恐れない。それ故に、より勝れた、一切法が空であることだけが、繰り返し聖言において告げられたのである。『〔量〕評釈』にも、"諸々の対象が考察されるとき、そのようにそのように〔それらの対象が〕破砕される。"と。しかし、識の教義は単なる世俗 (saṃvṛtimātra) である。」なお、この一節は、Iwata 1991 (Teil I): 161-162に訳されている。

[6] PV III 209cdについて言えば、MA 1の主題に対して結論が下されるMA 61の自註においても引用されるが、ジュニャーナシュリーミトラもSSに四度 (J 368,3; 425,22; 446,22; 474,10) 引用しており、それらが、いずれも中観派との関連においてであり、一切法空の教証とされている点で注目される。

[7]「単なる世俗」とは、チャンドラキールティの*Madhyamakāvatāra* (MAv) VI.28に対する自註*Madhyamakāvatārabhāṣya* (MAvBh) の所説を想起させる。Cf. MAvBh D 255a5: de la so so'i skye bo rnam kyi don dam pa gaṅ yin pa de ñid 'phags pa snaṅ ba daṅ bcas pa'i spyod yul can rnams kyi kun rdzob tsam yin la | de'i raṅ bźin stoṅ pa ñid gaṅ yin pa de ni de rnams kyi don dam pa'o |.「それにおいて、①凡夫達にとっての勝義〔＝色受等〕、それは、②対象領域が顕現している聖者達にとっては、単なる世俗であるが、それ

の〔＝色受等の〕自性である空性なるもの、それは彼等〔＝聖者達〕にとっての、勝義である・・・。」〔訳文は松本 1997: 348のものを掲げさせていただいた。下線＝新井。〕ジュニャーナシュリーミトラが「単なる世俗」というとき、このMAvBhの一節を知っていたであろうか。それについて確言することはできないが、しかし少なくとも、思想的にチャンドラキールティの強い影響下にあると思われるBCAPにsaṃvṛtimātra の記述は確認されないようである。

[8] Cf. FRAUWALLNER 1932.

[9] Cf. SĀṄKṚTYĀYANA 1937, 1938.

[10] Cf. KAJIYAMA 1963.

[11] Cf. STEINKELLNER 1977.

凡　例

1．サンスクリットテキストについて

・サンスクリット原典は A. THAKUR 刊本を底本とした。

・原文の読みについては、Niedersächsische Staats- und Universitätsbibliothek Göttingen 所蔵写本 No. Xc 14/25 及び関連文献を参照し、妥当と思われる読みを採用した。

・適宜、改行と段落変えをし、段落の冒頭の [ ] 内に THAKUR 刊本の頁数と行数を記した。この [頁数,行数] の表記は「本文の和訳」に同様に記し、対応を示してある。

・原文中、下付きの丸括弧 “$_{()}$” には、Ms のfolio番号もしくは行数を示してある。

・サンスクリットの表記は、底本及び Ms を基本としたが、vārttika 等については子音重複の標準化を行った。

・テキスト改訂について、“]” の左に採用した読みを、右にその根拠を示し、さらにセミコロン “;” で区切り、異読とその典拠を示した。

2．本文の和訳について

・和訳は上記サンスクリットテキストに基づく。

・訳文における〔 〕は、原文にない語句を訳者が補足した部分である。

・訳文において丸括弧によって原語を、引用箇所については出典を示した。

サンスクリットテキスト
[J 470,18-478,12]

[470,18; 107a2]yat punar yuktivāditābhimānenocyate, svātmani kāritravirodhāt na svasaṃvedanam, na hi tad evāṅgulyagraṃ tenaivāṅgulyagreṇa spṛśyata iti, tatrāpi,

[470,20]nāṅgulyagraṃ tadagreṇa spṛśyaṃ cen masṛṇaṃ katham |
svayaṃ masṛṇam etac ced vi(3)rodhaḥ kiṃ na samprati ||

[470,22]kiṃ na dhīr bhāsate svayaṃ vā svayam eva masṛṇam idam asti jātaṃ veti pratītyā vākyārthaparyavasānād āyātaḥ kāritravirodhaḥ. tathā ca svayaṃ gacchati, svayaṃ gaura ityādi preraṇāṅgarāgajanitatvādipratikṣepeṇa sarvathā na vaktavyam evaṃvādibhiḥ[1], tatsannidhau vā pareṇeti mahān (4)viplavaḥ.

[470,25]atha sakarmikāyāṃ kriyāyām[2] ekam eva karma kartā ca nocitam, jñānārthā ca sakarmikaiva kriyā nīlaṃ vetti caitra iti. evaṃ tarhi,

[471,1]svayaṃ prakāśate buddhir ityādau tūṣṇīm āsyatām |

tataś ca vedyata ityādi yat karmakartṛvivakṣayā paraiḥ prayujyate, tad asmābhir bhāsate ity asminn evārthe saṅke(5)titam iti na kaścid viśeṣaḥ.

[471,3]atha svayambhūr bhagavān ityādi [3] prakṛtīśvarādivyāpāranirāśena svahetor eva tādṛksvarūpotpattipratipādanamātram etat, na tu bhedadṛṣṭaḥ kriyākārakavyavahāro 'tra mata ity ucyate, buddhir api tarhi svahetor eva prakāśarūpotpannā na pareṇa prakā(6)śiteti saṃmatau ko vidveṣaḥ.

---

[1] evaṃvādibhiḥ] *em.*; evamvādibhiḥ Ms; evaṃ vādibhiḥ J

[2] kriyāyām] Ms; kriyāyāṃ J

[3] ityādi pra°] Ms; ityādi na pra° J

[471,7]iyam evātmasaṃvittir asya yājaḍarūpatā |
kriyākārakabhāvena na svasaṃvittir asya tu ||[4]

ity antaraślokaḥ.

[471,10]yat punar atroktam evaṃvādino loka eva bādhako bhaviṣyatīti[5] tad anenaiva nirastam. loke tathāvidhāyā vivakṣāyā dṛṣṭatvāt.

[471,11]atha buddhiviṣaye na dṛśyate, tatrāpi prakāśarūpavyavahā(7)re svaparasthāprakāśavivakṣāyā[6] dṛṣṭatvād dīpaghaṭavat. kevalaṃ bāhye dvayadarśane 'pi buddhirūpādhikāreṇa paraprakāśyatāyā bādhanāt svaprakāśataiva vyavasthāpyate, na tu sarvathā vyavahāra evaivaṃ nāstīti.

[471,15]nanu,

[471,16]dīpaḥ prakāśata iti jñātvā jñānena kathyate |
jñānaṃ prakāśata iti kenedaṃ suhṛdocyate ||[7]

[471,18]prakā(107b1)śā vāprakāśā vā yadā dṛṣṭā na kenacit |
vandhyāduhitṛlīleva kathyamānāpi sā mudhā ||[8]

iti cet.

[471,20]niravakāśam etat. idam eva hi nīlādi svaprakāśasvabhāvaṃ jñānam iti vyavasthāpitam, tat kathaṃ kenedaṃ suhṛdocyata ity ucyate. na svasaṃvedye 'rthe paropadeśo garīyān, ko 'nyathā dharmo

---

[4] = MA 16cd-17ab.

[5] ≈ BCAP 397,4: lokata eva bādhā bhavato bhaviṣyati.

[6] svaparasthāprakāśa°] Ms; svaparaprakāśa° J

[7] ≈ BCA IX.22. cd句に異同がある。Cf. BCA IX.22cd: buddhiḥ prakāśata iti jñātvedaṃ kena kathyate ||.

[8] = BCA IX.23.

vyāpakānupalambhādeḥ.

[471,22]pradīpe ’pi tarhi jñānam eva kathaṃ dṛṣṭāntaḥ. satyaṃ lokāpekṣayā loka[9] eva (2)bādhako bhaviṣyatī[10]ty apahastayitum[11]. tad etad yuktikṣīṇasya viśrāmamātram atrāṇam. anyathā sarvaśūnyatāyām eva kiṃ bādhako lokaḥ. saṃvṛtyā sarvasvīkārād iti cet. tattvato na kiñcid astīty[12] etad eva lokasya[13] na kṣamam. saṃvṛtyā tu nāstīti yadi syād astu.

[472,1]atha tattvato ’pi nāstīti kim asmābhiḥ sādhyate. astināstivyatikramasyābhimatatvād iti cet. na. (3)astiniṣedha eva na hi nāstyarthaḥ.

[472,3]na bhāvo yadi nīlāder abhāvaḥ kena vāryate |
nābhāva iti vāde ca bhāva evāvatiṣṭhate ||

[472,5]parasparaparīhāravyavasthitimatāṃ yataḥ |
ekabādho ’nyavidhaye nānicchāmātrato ’nyathā ||

[472,7]tṛtīyo vā prakāro ’tra vaktavyo yadi vānayoḥ |
ekatraiva vyavasthānaṃ dhīmatām nāparā gatiḥ ||

[472,9]syā(4)d etat, nāsmābhiḥ kasyacid vidhiḥ pratiṣedho vā [14] sadasadubhayānubhayavādināṃ tu svābhyupagamenaiva tattallakṣaṇānupapattir iti pratipādyate. tatra yadi sallakṣaṇānupapattyā svayam eva prāg api sattvābhāvaḥ, tadā kim asmābhir apanītaṃ kim api syāt. yadā

[9] lokāpekṣayā loka] *conj.*; lokāpekṣayā’loka Ms/J
[10] ≈ BCAP 397,4: lokata eva bādhā bhavato bhaviṣyati.
[11] °ty apahastayitum] Ms; °tp apahastayitum J
[12] °ity] *em.*; °iti Ms/J
[13] lokasya] J; loka Ms
[14] sādhyate *add.* J

cāsallakṣaṇānupapattyā prāg apy asattvābhāvaḥ, tadā kim a(5)bhāvābhāvena bhāvo nāma kasyacit kutaḥ. yathā hi.

[472,14]putrotpattivipattibhyāṃ kumāryāḥ prītidīnate |
putrasaṅkalpataḥ svapne jāgratas tu na vidyate ||

[472,16]sa tasyāḥ sāvaśeṣaśokavinodanāya yadi tatprabandhamṛṣātvam āsādayati, tat kiṃ tena kasyacid vidhiḥ putrādyabhāvasya. niṣedho vā putrādibhāvasya (6)kṛtaḥ. putrodayaniṣedhena vābhāvaḥ kasyacit. maraṇaniṣedhena vā bhāvavidhiḥ. svayam āditaḥ putrasyaivābhāvāt. tadanuvādamātraṃ tu jāgrataḥ. evam āryānāryayor ūhitavyam. etad eva cādiśāntatvaṃ prakṛtipariśuddhiś cāgame gīyate iti.

[472,21]atrocyate. kīdṛśau vidhiniṣedhau bhavatā parihriyete. utpādanavināśalakṣaṇau (7)hastena gṛhītvopanāyāpanayasvabhāvau vā. yad vā vivādāspadībhūtasya kasyacit dharmasya pramāṇena sādhanalakṣaṇo vidhir bādhanalakṣaṇo vā niṣedhaḥ tatra[15]

[472,24]ādyapakṣadvayaṃ tāvad anyasyāpi na vidyate |
bhavatāpi tṛtīyas tu parihartuṃ na śakyate ||

[473,1]na hi bhagavataḥ prāmāṇyaṃ sthitam eva prāg apanīyate, paścād vetīśvarādāv asad evopanīyata iti (108a1)pare 'pi manyante. tathā na dvayaṃ sthitam evāpanīyate. advayaṃ vā sampraty upanīyate, apareṇa sthita eva svabhāvo 'nūdyate. yuktyā ca kayācit pratipādyata iti sarvasaṃmatiḥ. tac ca bhavato 'py astīti ka evam atireka ukto bhavati. tad ayam eva vidhiniṣedhaprakramo yad idam astīdaṃ nāstīti pratipādanaṃ, tac cāyātaṃ vacanavyāpṛtasya, viśeṣato jigīṣayā parārtha-

---

[15] tadā] Ms; tatra J

śīlatayā vā (2)vāde pravṛttasya. mūkībhūya tiṣṭhatas tu nāyaṃ paryanuyoga iti syāt. svapnadṛṣṭānto 'pi sarvasādhāraṇaḥ. yo hi vastudharmaḥ kenacid ādriyamānaḥ kenacin niṣedhyaḥ. tasya siddhyā tadguṇāropād vā prītiḥ, pareṇa tadabhāvapratipādane viṣādaḥ, taccittavinodanodyatena cādita eva tathā nāstīty anuvādamātraṃ kṛtam iti tulyam.

[473,11]tatra ya eva pra(3)tipādanakṣamas tasyaiva svādhīnaḥ svapnadṛṣṭāntaḥ. tathā cādvayavāde 'pi yathā svapne svākāramātra eva putraṃ jāgaraṇakāle phalitam āropya harṣādis tathā jāgraddaśāyām api jñānākāramātra eva bahir āropeṇeti na kṣatiḥ. tadubhayadaśayor api nirvikalpapratibhāsaḥ svarūpamātraparyavasito 'pi vi(4)kalpenābhūtāropas tiraskriyata ity uktam.

[473,15]sa ca svarūpaṃ tirodhāya pararūpam eva darśanena yojayati, yata evaṃ bhavati putro 'dya svapne mayā dṛṣṭa iti, kiñcid vimarśe hi na putradarśanaṃ nāma jñānamātraṃ mama tathodayādīti[16]. tatas tadvyavasāyāpekṣayā sā putraṃ jātaṃ ca mṛtaṃ ca paśyatītyādy abhidhānam.

[473,17]tattva(5)tas tu kva putradarśanam anādivāsanāvaśāt tadabhiniveśaprasavayogyaviśiṣṭākārajñānamātrodayād anyatra.

[473,19]kevalaṃ kim atra vastutattvam iti.

[473,20]vicāravyasanaṃ yasya hastāmarśena tasya kim ǀ
prītyābhiyogaḥ kriyatāṃ kīrtivārttikabhāṣyayoḥ ǁ

[473,22]śraddhāvaśatve 'pi varaṃ yuvarājanayāśrayaḥ ǀ
āryanāgārjunādī(6)nām api yatra vyavasthitiḥ ǁ

[16] tathodayādīti] Ms; tathodapādīti J

iti pratipādayiṣyate. āgamapāṭhāḥ punar avicāracaturasya puṇyamātraprasavahetava eva. vicāraprakrame ca bhāvābhāvayor ekaniṣedhābhidhāyino dvitīyasvīkāraḥ sāmarthyād āyāta iti nānicchāmātreṇa trātuṃ śakyam. tathā hi svapne na putro nāmāsīd iti putrābhāvo vihita eva bhāvaś ca niṣiddhaḥ. tat kathaṃ jāgratā na (7)vidhir na pratiṣedhaḥ kriyate. āryasya tu na tathā darśanam ity api. tadākāradarśanapratyanīkākārajñānodaya eva na sarvathā saṃvittivilopa ity āstāṃ tāvat.

[474,4]atha bhāvābhāvavikalpaniṣedho vivakṣitaḥ sarvathā na pratibhāsamātralopaḥ, tad etad iṣṭam eva vikalpasya prakṛtibhrāntatvāt. atha vicārākṣamataiva śūnyatārthaḥ, tadā vicāro nāma saṃvṛ(108b1)tyāśrayas tatra ca niyamena pramāṇāvatāre na svasaṃvittim antareṇa pratyakṣāntaram anumānaṃ vā, svarūpasattayaiva viyogaprasaṅgāt. nāpi dharmidharmādipratipattir iti saṃvṛtau niyatasvākārāyāḥ svasaṃvidaḥ prameyapramāṇāntaravad bādhānupapatteḥ sthiter eveti na sāṃvṛtatvaviśeṣaṇāvakāśaḥ.

[474,10]yathā yathārthāś cintyante vivicyante tathā tathā |[17]
svayaṃ tu vittiś chāyeva dhāvato (2)duratikramā ||

[474,12]tataś ca svasaṃviditarūpasya kīdṛśī vicārākṣamatā. kiyanto hi vicārāḥ pravartanām, na tu nīlaprakāśasya prakāśatā nīlatā vātipātamātram, nāpy aprakāśadharmāntaraṃ paricayaviṣayaḥ.

[474,14]ya eva ca,

[474,15]svarūpamātrānubhavaḥ kalpitānāṃ parābhavaḥ |

sa eva,

[17] Cf. PV III.209cd: yathā yathārthāś cintyante viśīryante tathā tathā |.

[474,17]tataś[18] ca samatā jñeyā nopalambhopalambhayoḥ ||[19]

iti nyāyaḥ.

[474,19]tad etad ādi(3)śāntatvaṃ prakṛtyā ca viśuddhatā |
vaimalyapariśuddhis tu sarvāsatkalpanākṣayaḥ ||

ity uktam eva. yad apīdaṃ tadabhyupagamenaiva tallakṣaṇānupapattir iti. tāvatāpi nānubhavasvabhāvaparibhavaḥ. yataḥ.

[474,23]bhautakalpitakalpānāṃ lakṣaṇānāṃ kṣatāv api |
sarvopādhiviviktasya vasturūpasya na kṣatiḥ ||

[475,1]rājadvāri dviradam ava(4)lokya[20].

[475,2]dantena mūlādakam andhakāraṃ
prasrāvato nīradapotam āha |
kaścic catustambhakam aṭṭam āsyaṃ
dvāraṃ baliṃ piṇḍanibhāt purīṣāt ||

[475,6]rājadvāre śmaśāne vā[21] yas tiṣṭhati sa bāndhavaḥ[22] |
iti gāṭhasmṛter anyo bhauto bāndhavam eva tam ||

[475,8]tato bhautair iva paraiḥ kalpitāny eva svarūpāṇi vigalantu puraḥ-

---

[18] tataś] J; tasmāc MAnV.

[19] tataś . . . nopalambhopalambhayoḥ = MAnV I.7cd.

[20] rājadvāri . . . avalokya = ĀTV$_{BI}$ 530,12.

[21] vā] Ms/J; ca ĀTV$_{BI}$.

[22] rājadvāre . . . bāndhavaḥ = ĀTV$_{BI}$ 530,15-16.

prakāśinaḥ ki(5)m āyātaṃ bādhāyāḥ. tataḥ.

[475,10]yady eṣa eva siddhānto na viśeṣas tadāvayoḥ |
bādhe tu sarvathābhāvaḥ kathaṃ lokād abādhanam ||

[475,12]yadi lokānurakṣāpi dhīrūpe nāstitocyatām |
tattvena sarvathā nāstīty udvegaḥ kiṃ na[23] gaṇyate ||

tasmāl loka udvījatāṃ mā vā puruṣārthopayogitattvākhyānaṃ kathaṃ parihartuṃ śakya(6)m iti yadi svayamāśayaḥ paraḥ kim alīkam ākulīkriyate. ko hi saduttare 'pi bhavatāṃ śaktipratibandhaṃ śraddhadhīta.

[475,16]asti ca loke 'pi svaprakāśavyavahāra[24] iti kva lokabādhāpi. buddher evādhikāre sākṣāt na dṛṣṭa iti kim anena. svaprakāśam api vastv asti na ca kāritravirodha iti sāmānyāśrayeṇaiva dṛṣṭāntasya[25] kṛtatvāt. api ca,

[475,19]sphuraty etādṛśī (7)buddhir mametyādimatir na kim |
mama svānubhavaś[26] cātra saṅkalpe tvadguṇaspṛśi ||

tasmād alam anena bālajanopalāpanena.

[475,22]yad api smaraṇād anubhavasiddhim āśaṅkyārtha eva smaraṇam anubhavaś ca jñāna ity ucyate, tatrāpy arthākārajñānam eva, tac ca svayaṃ sphuritam anusmaryata iti na kṣatiḥ[27]. arthe ca smaraṇam iti na tāvad ananubhūte bhavitum a(109a1)rhati, atiprasaṅgāt. anubhūtaś cārtho

---

[23] na] J; nu Ms

[24] svaprakāśavyavahāra] J; svakāśavyavahāra Ms

[25] dṛṣṭāntasya] J; kṛtadṛṣṭāntasya Ms

[26] svānubhavaś] J; svānubhāvaś Ms

[27] yad api . . . na kṣatiḥ. Cf. 本書 p. 53.

’nubhavānanubhave iti kathaṃ pratītam atra hṛdayena.

[476,1]asaṃvittau vitter na khalu tadupādhivyavahṛtiḥ
pratītāv anyena prasabham anavasthā prasarati |
anenaivāpāste ’py anumitimate liṅgaviraho
na cādṛṣṭaṃ liṅgaṃ tadadhigatisiddhau ca vimatiḥ ||

ity antaraślokaḥ ||

[476,6]kathaṃ tarhīdaṃ tayā na nirdiśyate jñānam anubhūyamānam. nanu (2)nirdiṣṭam[28] eva.

[476,7]antaḥ śātādiviṣayaṃ bahiḥ śītādigocaram[29] |
vedanaṃ tat tadākāram nānyo ’py asti tataḥ paraḥ ||

[476,9]sphurattā nāma dharmo ’yaṃ pratyātmaṃ durapahnavaḥ |
iti sā yogyatā mānam ātmā meyaḥ phalaṃ svavit ||

tato nirākārapakṣe syād eva doṣaḥ, sākārapakṣe tu śaṅkāpi nāsti. sākārapakṣa eva tu śāntidevapādānām abhima(3)taḥ. yad āhuḥ,

[476,13]yathā dṛṣṭaṃ śrutaṃ jñātaṃ naiveha pratiṣidhyate |
satyataḥ kalpanā tv atra duḥkhahetur nivāryate ||[30]

iti. atra hi satyatas tattvato dṛṣṭādir na niṣidhyata iti. dṛṣṭādikarmanirdeśāt prakāśamāno nīlakomalādir aśakyanihnava ity uktaṃ bhavati.

---

[28] nirdiṣṭam] J; viṣayanirdiṣṭam Ms
[29] śītādigocaram] J; śītādiviṣayagocaram Ms
[30] = BCA IX.26.

[476,17]kasya tarhi nairātmyam ity āha, kalpanaivā(4)bhūtānāṃ grāhyagrāhakahetuphalādīnām ity arthāt kalpanā śabdād eva. adṛṣṭe hi kalpanā. adṛṣṭaṃ cādṛṣṭatvād eva na sambhavati tattvata ity atrāpi saṃbadhyate. tena niḥsvabhāvāḥ sarvadharmā ityādivacane 'pi tattvataḥ kalpitarūpaniṣedha eveti bhāvaḥ. kimarthaṃ punar abhūtavikalpavāraṇam. duḥkha(5)sya hetutvāt. sa eva hi pravṛttinivṛttyādilakṣaṇaṃ saṃsāram ākṣipati, tam antareṇa tadākārodayamātrasya tatrākiñcitkaratvād iti. yat tu satyata iti satyatvena yā kalpaneti yojayanti, tatrāpi yadi satyatve 'pi satyam idam iti vikalpavāraṇaṃ pariniṣpattau ko doṣaḥ.

[476,26]atha sampraty a(6)pi satyādhimokṣavāraṇam asattvād ity arthaḥ, tadā dṛṣṭādi na pratiṣidhyata iti vyāhatam, asatyaṃ cāpādyate dṛṣṭādi na ca pratiṣidhyata iti, asatyatāpādanasyaiva pratiṣedhārthatvāt.

[477,1]atha na pratiṣidhyate saṃvṛtyā, tattvatas tu vāraṇam. tad api nākṣarārūḍham. satyataḥśabdo 'nyathāyojitaḥ[31] kalpanāviśeṣaṇatvena. na ca tadā kalpanāśa(7)bdaḥ saṅgataḥ. dṛṣṭāder evaikasya saṃvṛtiparamārthāpekṣayā vidhiniṣedhaviṣayatayā abhimatatvāt.

[477,4]tathā hi,

[477,5]yathā dṛṣṭaṃ śrutaṃ jñātaṃ naiveha pratiṣidhyate |
saṃvṛtyā tattvatas tv etad[32] duḥkhahetur nivāryate ||[33]

iti vaktum ucitam.

[477,7]tad atra śabdataḥ śabdasya punarāvṛttiḥ saṃvṛtiśabdasyādhyāhāraḥ, kalpanāśabdasyānyārthateti[34] kim akṣarāṇi kliśyante

---

[31] 'nyathāyojitaḥ] J; pyanyathāyojitaḥ Ms

[32] saṃvṛttyā tattvatas tv etad. Cf. BCA IX.26c: satyataḥ kalpanā tv atra.

[33] ≈ BCA IX.26.

[34] °ānyārthateti] J; °ārthasyārthateti Ms

(109b1)mahatām.

[477,8]vyaktam etat ṣaḍindriyavijñānagocarābhimatā ākārā na niṣidhyante svasaṃviditatvāt kalpitasyaiva tu niṣedha iti. kathaṃ tarhi svasaṃvedananiṣedha eṣām. yathā bhagavataḥ. bhagavata eva katham bhinnaviṣayapratiṣedhāt. ekatrāpi citrākāre grāhyagrāhakabhāvaḥ sūkṣme 'pi sākṣād iti kriyākārakabhāvābhiprāyeṇa. na cāyaṃ nāśaṅkāyā viṣayaḥ sarvathā pari(2)hārayatnasya veti mantavyam | tathā hi kasyacit,

[477,14]ekatrāpi yathā bhāve kāryakāraṇakalpanam |
ekatraiva tathā jñāne grāhyagrāhakadhīr bhavet ||

[477,16]yathā bhagavataḥ,

[477,17]sa cāyam aṅkuro na svayaṃkṛta iti |

āryanāgārjunapādānāṃ vā,

[477,18]na svato nāpi parataḥ[35]

ityādinā niṣedhayatnaḥ. tathā

[477,21]vibhuṃ cittaṃ na paśyati

ityādi yuktam etat.

[35] = MMK I.1a.

[477,22]niḥsīmā ca samāropaḥ sāṃsā(3)rikasya skandhā evātmetyādivat kāruṇikeṇa tasyāpy anupekṣaṇīyatvāt. grāhyagrāhakāropasya ca pradhānadoṣatvāt.

> [478,1]kriyākārakabhāvena niṣedhas tena yujyate |
> svasaṃviditarūpasya samutpādas tu śasyate ||

yathoktam āryasandhinirmocane, na hi maitreya, tatra kaścid dharmaṃ pratyavekṣate. api tu tathā (4)samutpannaṃ tac cittaṃ yat tathā khyātīti[36].

[478,4]cittam arthābhāsaṃ pravartata ity api svasaṃvedanam[37] eva nivedayati. vedyavedakayor ekīkaraṇāt. tathā nīlajñānasamaṅgī puruṣo nīlaṃ jānātīti. agner[38] gatyarthatayā jñānārthatvāt. nīlajñānasaṃvedī sann ity anena,

> [478,7]apratyakṣopalambhasya nārthadṛṣṭiḥ prasidhyati |[39]

iti (5)vyaktam uktam. tadvedīty eva nīlavedīti yāvat. uttaratantre ca,

> [478,10]pratyātmavedyo dharmaḥ[40]

ity evākṣaram. na cābhūtaparikalpo 'stīti bruvataḥ svasaṃvedanād anyac charaṇam. tasmān na yuktyāgamābhyāṃ svabodhasiddhau pratibandhaḥ.

---

[36] = Saṃdh (VIII.7) 91,8-11.
[37] svasaṃvedanam] J; svasaṃvenam Ms
[38] agner] *conj.*; ager Ms/J
[39] = PVin I.55cd.
[40] Cf. RG I.9.

本文の和訳

[470,18] (著者) しかるに、誰であれ、正理論者[1]であることという慢心をもつ者によって、「(反論者) 自己自身に対する作用というのは矛盾[2] (kāritravirodha) であるから、自己認識[3] (svasaṃvedana) は存在しない。というのは、正に、かの指先が、その同じ指先によって触れられる、ということはないからである。」と言われるとき、その場合にも〔次のような問いがある。すなわち、〕

> [470,20]〔反論者が〕「指先は、その〔同じ指の〕先端によって触れられるべきものではない」というならば、(著者)「一体どのようにして、〔その指先は〕柔らかいのか。これ〔＝指先〕は、それ自身で柔らかいものである。」というならば、(反論者) 正に、〔自己自身に対する作用という〕矛盾はないのか。〔否、矛盾はある。〕

[470,22] (反論者)〔説明すれば、著者のこの見解は〕「知は自ら顕現する (bhāsate)」、あるいは「これ〔＝指先〕は、正にそれ自身で、柔らかいものとして生じたのである」と理解することによって文の意味が確定されるから、〔自己自身に対する〕作用という矛盾は生じないのか。〔否、矛盾が生じるのである。〕[4] (著者) しかるに、そのように、自ら到達する、自ら輝く[5]等という〔我々の言明〕は、促進を支分とする欲から生じたものであること等という誹謗によって、このような説を唱える者どもによって[6]、いかなるあり方でも、語られるべきではない。あるいは「それが近在しているとき、他のものによって〔認識される〕」というならば、〔それは〕大きな迷乱である[7]。

[470,25] もしまた、(反論者)「〔認識の〕作用は、行為者を有するものであるので、作用対象は単一なものにほかならない。行為主体は妥当しない。また、「チャイトラが青を認識する」というように、ほかならぬ行為者を有する〔認識の〕作用は、知と対象を有するのである[8]。」というならば、(著者) しからば、こうである。

[471,1]知は自ら顕現する (prakāśate)、ということ等について〔反論者は〕黙っているべきである。

また、それ故に、何であれ、「認識される (vedyate)」等というように、行為と行為主体を語ろうとする意志 (karmakartṛvivakṣā) によって他の人によって用いられるもの、それは我々によっては「顕現する」(bhāsate) というこの意味でのみ (eva) 設定された。というわけで、〔認識に〕いかなる区別もないのである[9]。

[471,3]もしまた、（反論）世尊は自生者である[10]等というこれは、主宰神や自在神等のもつ働きに対する願望を欠くので、自己の原因からのみ、そのような自体 (svarūpa) が生じることを述べることにすぎない。しかし、区別によって見られた行為と行為要素の言説 (kriyākārakavyavahāra) が、ここ[11]では考えられた、と言われるならば、（答論）しからば、知も、自己の原因からのみ、顕現を性質とするもの (prakāśarūpa) として生じたのであり、他のものによって顕わされたということはない、という正しい見解に対して、いかなる敵意があろうか。

[471,7]「これ〔＝識〕が無感覚な性質をもつものでないこと、ほかならぬこれが自己認識である。しかし、これ〔＝識〕の自己認識は、行為と行為要素の関係 (kriyākārakabhāva) によってあるのではない。」(MA 16cd-17ab)[12]

というのが中間偈[13]である。

[471,10]（著者）しかるに、何であれ、これ[14]に関して、「他ならぬ世間の人々において、無効にするものが生じるであろう (*loka eva bādhako bhaviṣyati*)[15]」とこのように語る人[16]によって言われたもの、それは、同じこれ[17]によって否

定されたのである。そのような種類のものを語ろうとする意図は[18]、世間の人々 (loka) において見られたが故に。

[471,11] (中観派) 知の対象 (buddhiviṣaya) に関しては、認められない[19]。しかし、そこにおいて、顕現と形象の言説 (prakāśarūpavyavahāra) に関して[20]、自と他に存在する顕現を語ろうとする意図[21]は、認められるが故に。灯火と水甕のように[22]。
(著者) 単に、外界が二によって知覚されたものであるとしても[23]、知と形象の主題 (buddhirūpādhikāra) によって、他のものによって照明されるべきものであること (paraprakāśyatā) は無効とされるから、自己顕現性 (svaprakāśatā) だけが確立されるのである。しかし、いかなるあり方でも[24]、ほかならぬ言説に関して[25]、このようでないということはないのである[26]。

[471,15] (反論) 実に、

[471,16]「灯火が顕現する (prakāśate)、と知ってから、知 (jñāna) によって述べられるのである。知 (jñāna) が顕現する、というこれは、いかなる良い心をもった人 (suhṛd) によって言われるのか。」(BCA IX.22)[27]

[471,18]「顕現するものであれ、顕現しないものであれ、〔知が〕いかなるものによっても見られたもの (dṛṣṭa) でない時、それ[28]が語られたとしても、石女の娘の遊びのように、無益である。」(BCA IX.23)

[471,20] (答論) これは不適切 (niravakāśa) である。なぜなら、他ならぬこの青等は自己顕現を自性とする (svaprakāśasvabhāva) 知 (jñāna) である、と確立されたからである。それなのにどうして「これは、いかなる良い心をもった人によって述べられるのか」と言われるのか。自己認識されるべき対象に関して、他者の説示が重要である、ということはないのである。もしそうでないなら

ば、能遍の非認識等にとって、一体何が属性であるのか。

[471,22]しからば、灯火に関しても、他ならぬ知 (jñāna) が一体どうして比喩であるのか。実に、世間に依存して (lokāpekṣayā)、「他ならぬ世間の人々において、無効にするものが生じるであろう (*loka eva bādhako bhaviṣyati*)」というのは、捨てられるためにある。従って、これは正理によって尽きた人 (yuktikṣīṇa) にとっての保護なき休息にすぎない (viśrāmamātra)。さもなければ〔＝世間に依存しないならば〕、一体どうして、世間が、他ならぬ一切空性 (sarvaśūnyathā) に対して無効にするもの (bādhaka) であるのか。「（反論）世俗によって、一切が認められているからである。」というならば、（著者）〔汝ら中観派が言うような、〕実義として (tattvatas)、いかなるものも存在しないという、ほかならぬこのことは、世間にとって[29]耐えられるものではないのである。しかし、もし「世俗によって存在しない」というならば、どうでもよろしい。

[472,1]（著者）「（中観派）実義としても〔いかなるもののも〕存在しない。というわけで、一体何が我々〔＝中観派〕によって肯定されようか。〔我々中観派によって〕有と無を超えたもの (astināstivyatikrama) が認められたが故に。」というならば、
（中観派）〔そうでは〕ない。有の否定 (astiniṣedha) だけ〔を我々中観派はなすの〕である。というのは、無 (nāsti) を意味するのではないからである。

[472,3]もし存在 (bhāva) がないならば、青の非存在 (abhāva) は、何によって否定されるのか。しかるに、非存在という説において、存在だけが残る、ということはない。

[472,5]なぜなら、相互に排除して住することを持つ諸々のもの (paraspara-parīhāravyavasthitimat) にとって、一つのものに対する無効因は、他のも

のの肯定のために、望まないのみのものから別にはないのである。

[472,7]あるいは、ここで、第三のあり方が述べられるべきである。あるいは、もしこれらの二つが、その同じ一つのところにおいて住するなら、知者たちにとって別の認識はないのである。

[472,9]こうであろう。我々〔中観派〕によって、いかなるものについても、肯定、あるいは否定があるということはない。しかし、有と無と両者と非両者を説く人 (sadasadubhayānubhayavādin) たち[30]によって、自己の承認 (svābhyupagama) だけによって、それぞれのものの特質 (lakṣaṇa) が成立しないことが説かれるのである。そのうち、もし有の特質 (sallakṣaṇa) が成立しないことによって、まさに自ら、前にも、有性の非存在があるならば、その時には、我々によって〔これ以上〕何が除かれるのか。言うまでもなく、〔そのようで〕であろう。

また、無の特質 (asallakṣaṇa) が成立しないことによって、前にも、無性の非存在がある時、その時には、非存在の非存在によって、存在とは〔一体〕、いかなるものにとって、どこからあるのか。実に、次のように。

[472,14]子どもの誕生と死によって、若い女性にとって喜びと悲しみがある。夢の中で、子どもを想定するから。しかし、目を覚ましている人にとっては、存在しない。

[472,16]彼[31]が、彼女の残りの悲しみを除くために、もし、その相続の虚偽性 (tatprabandhamṛṣātva) を成立させるならば、その時には、その同じ子どもは自ら (svayam)、始めから (āditas) 存在しないことに基づいて、彼によって、或る子ども等の非存在の肯定があるのか。あるいは子ども等の存在の否定がなされたのか。あるいは、子どもの誕生の否定によって、或るものの非存在が

あるのか。あるいは、〔子どもの〕死の否定によって、存在の肯定があるのか。しかし、目を覚ましている人にとって、それの単なる再言 (anuvādamātra) である。このように聖者と非聖者の両者について考察されるべきである。また、他ならぬこれが、始めから寂滅していること (ādiśāntatva) と、本性清浄 (prakṛtipariśuddhi) であると聖言[32]において唱えられたのである。

[472,21] (著者) これに対して言われる。あなた〔中観派〕によってどのような種類の肯定と否定 (vidhiniṣedha) が排除されるのか。手によって把握されてから、生と滅を特質とし (utpādanavināśanalakṣaṇa)、あるいは適用と除外を自性とする (upanayāpanayasvabhāva) 〔肯定と否定であるのか〕。あるいは、論争の基体となっている或る属性に対して、量によって成立させることを特質とする (sādhanalakṣaṇa) 肯定であるのか、あるいは無効化を特質とする (bādhanalakṣaṇa) 否定であるのか。

[472,24]まず、始めの二つの選択肢は別の人にとっても存在しない。しかし、第三のものはあなたによっても捨てられることはできない。

[473,1]というのは、確立されたものにほかならない世尊が量であることが、前に、あるいは後に除外されるということはないからである。というわけで、自在神等について無だけが適用されると他の人々も考えるのである。同様に、確立されたものにほかならない二 (dvaya) は除外されない。あるいは、正反対に、無二 (advaya) は適用される。他の人によって確立されたものにほかならない自性は繰り返し述べられる。また、ある正理 (yukti) によって説明される、ということが一切の同意 (sarvasammati) である。またそれはあなたにとっても存在する。というわけで、一体どうしてこのように余り (atireka) が言われたことになるのか。何であれ、「これは存在する」「これは存在しない」と説くこと、それが、ほかならぬこの肯定と否定の次第 (vidhiniṣedhaprakrama) である。また、それは言葉に携わるもの (vacanavyāpṛta) に達したものである。

特に、得ようとする欲求によって、あるいは利他を習慣とすること (parārtha-śīlatā) によって、説に携わるものに〔達したのである〕。

しかし、非難すること (paryanuyoga) に住する人にとっては、無言になって、これ〔＝肯定と否定の次第〕はない、というであろう。

夢の比喩も、一切に共通である。というのは、ある人によって重視され、ある人によっては否定されるべき実在する法 (vastudharma) なるもの、それの証明によって、あるいはそれの属性の増益に基づいて、喜びがあるからである。

他の人によってそれの非存在が説かれるならば、落胆がある。しかるに、〔実在する法は〕その人の心の楽しみによって生じたものなので、正に始めから、そのように存在しない、というのは、単なる再言 (anuvādamātra) がなされたものと等しいのである。

[473,11]そこで、誰であれ、そのように説明することに適うもの、その人にとってのみ、夢の比喩は自己に基づいたものである。

また同様に、無二を説く者は、夢の中でほかならぬ自己の形象のみをもつ (svākāramātra eva) けれども、目を覚ましている時には、作られたものである子どもを増益して喜び等があるように、そのように、目を覚ましている状態の者は、ほかならぬ知の形象のみをもつ (jñānākāramātra eva) けれども、外に増益することによって〔喜びが生じる〕、というのは害されないのである。

それらの二つの状態においても、無分別な顕現 (nirvikalpapratibhāsa) が自己の形象のみとして確定された (svarūpamātraparyavasita) けれども、分別によって虚偽な増益 (abhūtāropa) は排除される、と言われた。

[473,15]しかるに、彼は自己の形象 (svarūpa) を排除して、他のものの形象 (pararūpa) だけを、見ることと結び付けるのである。なぜなら、「子どもは今、夢の中で私によって見られた」とこのようになるからである。というのは、少しでも考慮したならば、子どもを見ること (putradarśana) というのは存在

しないからである。私の知のみ (jñānamātra) がそのように生じること等をもつ (tathodayādi) のである。それ故に、その判断に依存して (tadvyavasāyāpekṣayā)、彼女は生まれた子どもと死んだものを見るのである、ということ等が述べられる。

[473,17]しかし、実義として (tattvatas)、無始の習気の力 (anādivāsanāvaśa) に基づいて、それに対する執着を生じさせることが可能なものによって限定された形象をもつ知のみが生じること以外に (tadabhiniveśaprasavayogyaviśiṣṭākārajñānamātrodayād anyatra)、子どもを見ることがどこにあろうか。

[473,19]ただ、ここで、実在の実義 (vastutattva) は何か、というならば、

[473,20]ある者Aにとって、〔あるものXに関する〕考察に対する執着 (vicāravyasana) がある時、その者Aにとって、〔子どもに〕手で触れた者のもつ喜びは必要ではない。〔考察の〕努力は〔ダルマ〕キールティの評釈と〔プラジュニャーカラグプタの〕註釈においてなされるべきである。

[473,22]〔その者Aが〕信の力をもつ者であるとしても、ユヴァラージャの理趣を拠り所とする (yuvarājanayāśraya) のが勝れている。そこでもまた、聖ナーガールジュナ等の確立がある。

と〔彼によって〕説かれるであろう。〔これらの二詩節を説明すれば、〕しかしながら、考察に巧みでない者 (avicāracatura) にとって、聖言の読誦 (āgamapāṭha)[33] が徳一般を生み出す諸原因にほかならないのである。また、考察の段階において、有無のうちの一方の否定を述べる人にとって、第二のものの肯定が間接的に得られる。というわけで、望まないだけで、保護することはできない。すなわち、「夢の中で子どもが存在したということはない」と子どもの非存在が正に確定され、また存在が否定されたのである。それな

のにどうして、目を覚ましている人によって肯定も否定もなされないのか。しかし、聖者にとって、そのように見ることはない、ということも、それの形象を見ることと反対の形象をもつ知が生じることにほかならない。いかなるあり方でも、認識の滅 (saṃvittivilopa) はないのである。というわけで、まず止めるべきである。

[474,4] (対論者) 存在と非存在の分別の否定が語ろうと意図されたのである。

(著者) いかなるあり方でも、顕現のみの否定 (pratibhāsamātralopa) はないのである。まさにこれが〔我々によって〕認められたものにほかならない。分別は、本性が惑乱したものであるが故に。

(対論者) 考察に耐えないこと (vicārākṣamatā) だけが、空性の意味である。

(著者) 考察とは世俗を所依とするのである。しかるに、その場合、確かに量に入るならば、自己認識なしには、別の現量、あるいは比量は存在しない。ほかならぬ自己の形象の存在性 (svarūpasattā) を欠くという過失に陥るから。基体と属性等の認識もないのである。というわけで、世俗において、特定の自己の諸形象をもつ自己認識に対して、別の所量と量のように無効にすることは成り立たないから、〔自己認識は〕正に確立しているからである。というわけで、世俗的なものであることという限定語が入る余地 (sāṃvṛtatva-viśeṣaṇāvakāśa) はない。

> [474,10]「諸対象が考察される時に、そのようにそのように破砕される。」(PV III.209cd) しかし、認識 (vitti) は、影のように、自ら走り去るものを越え難いのである。

[474,12] また、それ故に、自己認識された形象 (svasaṃviditarūpa) にとって、いかなる考察に耐えないことがあろうか。実に、どれほどの諸々の考察が起こるべきであろうか。しかし、青の顕現の顕現性、あるいは青性が行き過ぎのみであるということはない。顕現していない別の属性が考察の対象である、と

いうこともない。

[474,14]また、何であれ、

> [474,15]自己の形象のみの知覚 (svarūpamātrānubhava) は、諸々の分別されたもの (kalpita) の消滅 (parābhava) である。

というとき、ほかならぬそれは、

> [474,17]「また、それ故に、非認識と認識は等しいことが知られるべきである。」(MAnV I.7cd)

ということが正理である。

> [474,19]これが、かの、始めから寂滅していること (ādiśāntatva) と、本性清浄 (prakṛtyā viśuddhatā) である。一方、離垢清浄 (vaimalyapariśuddhi) とは、一切の無を分別することを破壊すること (sarvāsatkalpanākṣaya) である[34]。

と言われたのにほかならないのである。いかなるものであれ、ほかならぬその承認によって、それの特質は成り立たないということ、その限りのものによっても、知覚の自性が損なわれるということはない。なぜなら、

> [474,23]狂った人によって分別されたものに等しい諸特質が害されるとしても、一切の制約を離れた (sarvopādhivivikta) 実在する形象 (vasturūpa) に害はない。

[475,1]王宮の門 (rājadvār) において象 (dvirada) を見てから、

[475,2]或る、別の狂った人は言った。〔すなわち、〕歯 (danta) によって根を食べる (mūla-adaka) 暗闇 (andhakāra) を、流れ出ることから (prasrāvatas) 四本の柱を有する (catustambhaka) 雲を土台とする (nīrada-pota) 門 (dvāra) を、塊のような (piṇḍanibha) 砕かれた土 (purīṣa) から口に属するものである米飯 (aṭṭam āsyaṃ) なる供物 (bali) を、[475,6]誰であれ、王宮の門において、あるいは火葬場 (śmaśāna) において住する人、その人は親族 (bāndhava) であるというように、深い記憶 (gāṭhasmṛti) から、他ならぬかの親族を[35]。

[475,8]それ故に、狂った人たちによってと同様に、敵者たちによって分別されたものにほかならない自己の形象 (svarūpa) は消滅せよ。眼前に顕現しているもの (puraḥprakāśin) が無効にされるとき、一体何が得られるのか。それ故に、

[475,10]もし、ほかならぬこれが定説 (siddhānta) であるならば、その時には、我々両者の区別 (viśeṣa) はない。しかし、〔眼前に顕現しているものが〕無効にされるならば、いかなるあり方でも (sarvathā) 非存在 (abhāva) がある。一体どうして、世間に基づいて無効にしないのか。

[475,12]たとえ知の形象に関する非存在性は世間の保護を有すると言われるとしても、実義として (tattvena) いかなるあり方でも存在しないという厭わせることが一体どうして顧みられないなのか。

[475,14]それ故に、世間において厭うべきである。あるいは、人間の目的に役立つ実義を語ることが斥けられることが、どうしてできようか。というわけで、自らの思惟 (svayamāśaya) が他であるならば、いかなる虚偽なるものが満たされるのか。実に、正しい答え (saduttara) においても汝等によって能力が妨

げられて、信じられたものと考えられた、いかなるものがあるのか。

[475,16]しかるに、世間においても自己顕現の言説 (svaprakāśavyavahāra) は存在するのである。というわけで、世間において無効にすること (lokabādhā) さえ、一体どこにあるのか。ほかならぬ知 (buddhi) を主題として、直接見られたものは存在しない、というこれは何の用があろうか。自己顕現も実在 (vastu) である。しかるに、作用という矛盾 (kāritravirodha) は存在しない。というわけで、共通な所依 (sāmānyāśraya) によってのみ、比喩は作られるが故に。

[475,18]また、

> [475,19]このような知 (buddhi) が顕れる。「私のもの」ということ等の知はないのか。しかるに、この分別が、あなたの徳に触れるとき、私にとって、自己の知覚 (svānubhava) はある。

それ故に、この愚者を欺くことを止めよ。

[475,22]しかし、何であれ、想起 (smaraṇa) に基づく知覚の成立を懸念して、対象だけに関して想起と知覚があり、知に関してあるのではない、と言われるもの、そのときでも、対象を形象としてもつ知 (arthākārajñānam) だけが存在し、しかも、自ら顕れたそれが想起されるのである、というのは害されない。しかるに、「対象に関する想起がある」というならば、まず知覚されていないものについて生じる、ということはできない。過大適用であるから。また、知覚された対象は、知覚と非知覚の両者において存在するというこれに対して、心によって一体どうして認識されたものがあろうか。

[476,1]認識が認識されないとき、それに対する制約を言説すること

(tadupādhivyavahṛti) は、全く存在しない。他のものによって認識があるならば、必ず無窮 (anavasthā) が生じる。ほかならぬこのことによって、比量知 (anumiti) と考えられたものが除かれたとしても、証相の欠如 (liṅgaviraha) がある。しかるに、証相が見られていないということはない。しかるに、その理解が成立するならば、誤った見解 (vimati)である。

というのが、中間偈である。

[476,6]しからば、この知覚されつつある知は、一体どうしてそれによって示されないのか。正に示されたのではないか。

[476,7]内にある歓喜等を対象とし、外にある寒さ等を領域とする、その認識は、それらを形象としてもつ。別のものであっても、それから別のものではない。

[476,9]顕れつつあること (sphurattā) というこの属性は、内的なものとしては否定され難い。「というわけで、その有能力性が量であり、自己が所量であり、自己認識が果である。(PV III.365cd)」

それ故に、無形象知の主張 (nirākārapakṣa) には、この過失があるであろう。しかし有形象の主張 (sākārapakṣa) には懸念すらも存在しない。しかるに、ほかならぬ有形象の主張がシャーンティデーヴァ尊者によって承認されたのである。〔シャーンティデーヴァは次のように〕言った。

[476,13]「見られたもの (dṛṣṭa)、聞かれたもの、知られたものは、ここでは決して否定されない。しかし、ここにおいて、真実として、分別すること (satyataḥ kalpanā) は苦の原因として排除される。」(BCA IX.26)

と。というのは、「ここにおいて、真実として」、実義として、「見られたもの」等は否定されないからである。というわけで、「見られたもの」等の行為対象を述べることに基づいて、顕現しつつある青や柔らかいもの等は否定することはできないと〔シャーンティデーヴァによって〕言われたことになるのである。

[476,17] (反論) しからば、一体何が無我 (nairātmya) であるのか、というならば、(答論) 言った。虚妄な所取と能取と因と果を、正に分別すること (kalpanā) がある、という意味に基づいて、分別することは語に基づくものにほかならない。なぜなら、分別することは見られたものでないもの (adṛṣṭa) に対してあるからである。また、見られたものでないものは、正に見られたものでないが故に、実義として存在し得ない、と「ここにおいて」も結合される。それ故、〔汝プラジュニャーカラマティら中観派の言う〕一切諸法は無自性である云々という言葉においても、実義として、分別された性質の否定 (kalpitarūpaniṣedha) だけがあるという意味である。

しからば、何のために虚妄な分別の否定 (abhūtavikalpavāraṇa) があるのか。苦が因であるが故に。というのは、ほかならぬ彼は流転と還滅等を特質とする輪廻 (pravṛttinivṛttyādilakṣaṇa) を捨てるからである。それなしに、それの形象が生じることのみは、そこでは無意味であるが故に。

しかし、何であれ、〔BCA IX.26 において〕「真実として」(satyatas)、とは、真実として (satyatvena)「分別すること」であると結び付けるとき、その場合でも、もし、真実であるとしても、「これは真実である」という分別が否定されるなら、円成実 (pariniṣpatti) に関していかなる過失があるのか。

[476,26] (反論) もしまた、今も、非存在性に基づいて、真実なものと信解することが否定される、という目的があるならば、(答論) その時には、「見られたもの」等は否定されない、という矛盾があり、また、「見られたもの」等は否定されない、という非真実なものに陥るのである。非真実性に陥らせ

ることだけが否定の目的であるが故に。

[477,1]（反論）もしまた、世俗によっては〔見られたもの等は〕否定されないが、しかし、実義として否定されるのである、というならば、（答論）それも不滅のものに上ったもの (akṣarārūḍha) ではない。「真実として」という語は、「分別」〔という語〕に対する限定者として、別様に用いられたのである。しかるに、その時には、「分別」という語は、執着 (saṅga) に基づくということはない。「見られたもの」等という唯一つのものは、世俗と勝義という観点から、肯定と否定の対象として認められたが故に。

[477,4]すなわち、

> [477,5]「見られたもの、聞かれたもの、知られたものは、ここで、世俗によっては決して否定されない。しかし、真実として、この苦の因は排除される。」[36] (≈BCA IX.26)

と語ることが正しい。

[477,7]したがって、ここで、語から語に戻ること (punarāvṛtti) は、世俗という語に対する補い (adhyāhāra) がある。分別という語は別のものの意味をもつ。というわけで、一体どうして、偉大な人々にとって不滅のもの (akṣara) が損なわれるのか[37]。

[477,8]「六根と識の対象領域であると承認された (ṣaḍindriyavijñāna-gocarābhimatā) 諸形象 (ākāra) は否定されない。自己認識されたものであるが故に。しかし、分別されたものだけに対して否定がある。」ということは明瞭である。しかるに、これら〔諸形象〕に対して、自己認識による否定 (svasaṃvedananiṣedha) が一体どうしてあろうか。世尊に対してのように。ほ

かならぬ世尊に対して、一体どうして〔自己認識による否定が〕あろうか。異なった対象は否定されるからである。一つのものにおいて多様な形象 (citrākāra) があるとしても、所取と能取の関係 (grāhyagrāhakabhāva) は、微細なものにおいても眼前にある、というのは、行為と行為要素の関係を意図すること (kriyākārakabhāvābhiprāya) によってである。しかるに、これ〔＝所取と能取の関係〕が、いかなるあり方でも、懸念 (āśaṅkā) の対象でも〔なく〕、答破の努力 (parihāra-yatna) の〔対象〕でもない、と考えられるべきである、ということはない。

[477,13]すなわち、ある人によって、

> [477,14]一つの存在 (bhāva) においても、因と果を分別すること (kāryakāraṇakalpana) があるように、そのように、正に一つの知 (jñāna) において、所取と能取の知 (grāhyagrāhakadhī) が生じるであろう。

[477,16]世尊によって、

> 「また、そのほかならぬ芽は自ら作られたものでない。」

あるいは、聖ナーガールジュナ尊者によって、

> [477,19]「自からでなく、他からでなく」(MMK I.1a)

ということ等によって否定の努力 (niṣedhayatna) があるように、そのように、

> [477,21]「常住なる心を見ない。」

等というこれが正しい。

[477,22]また、増益は際限なく、輪廻するもの (sāṃsārika) の諸蘊にほかならない我ということ等のように、悲を有するもの (kāruṇika) によっては、それ〔＝輪廻するもの〕も棄てられるべきものではないが故に。また、所取と能取の増益 (grāhyagrāhakāropa) は、主要な過失 (pradhānadoṣa) であるが故に。

> [478,1]否定 (niṣedha) は、その行為と行為要素の関係 (kriyākārakabhāva) に結び付けられる。しかし、自己認識された形象 (svasaṃviditarūpa) が生じることは可能である。

[478,3]『聖解深密』において「実に、マイトレーヤよ、そこにおいて、ある人が法を個別観察する (pratyavekṣate)、ということはない。そうではなく、何であれ、そのように顕現する (khyāti) もの、それは、そのように生じた心 (citta) である[38]」と言われたとおりである。

[478,4]心は、対象としての顕現をもつもの (arthābhāsa) として生じる、ということも、自己認識 (svasaṃvedana) にほかならないと示すのである。認識対象と認識主体 (vedyavedaka) は一つになるから。そのように、青の知をそなえた人が青を知るのである。というわけで、火は、認識の対象 (gatyartha) として、知の対象 (jñānārtha) であるが故に。青の知を認識するものは存在する、ということによって、

> [478,7]「眼前にあるものが把握されないならば、対象を見ることは成立しない。」(PVin I.55cd)

と明瞭に言われたのである。正にそれを認識することというのは、青を認識するというのに等しい。また『ウッタラタントラ』において、正に、

[478,10]法は自内証されるべきもの (pratyātmavedya) である。

という記述にしてなおかつ不滅のもの (akṣara) がある。しかるに、「虚妄分別がある」と語りつつあるものにとって、自己認識から別の帰依処 (śaraṇa) がある、ということはない。それ故に、自己の覚知の成立 (svabodhasiddhi) があるとき、正理と聖言 (yuktyāgama) に対する妨げ (pratibandha) があるということはないのである。

（概要）

1 自己作用の矛盾を論拠とする自己認識説批判 [470,18]

1.1 自己自身に対する作用という矛盾について [470,18]

1.2 行為主体等について [470,25]

1.3 知は自己の原因からのみ、顕現を性質とするものとして生じる。[471,3]

1.4 中間偈 MA 16cd-17ab [471,7]

2 BCAPの引用

2.1 引用(I) MA 16cd-17abに関して、「他ならぬ世間の人々において、無効にするものが生じるであろう」(BCAP)と語る人の見解は否定される。[471,10]

2.2 自己顕現性だけが確立される。[471,11]

2.3（反論）自己認識の否定 BCA IX.22-23 [471,15]

2.4（著者）青等は自己顕現を自性とする知である。[471,20]

2.5 引用(II) 世間に依存して、「他ならぬ世間の人々において、無効にするものが生じるであろう」(BCAP) というのは捨てられる。[471,22]

3 （中観派）有の否定だけを中観派はなす。[472,1]

3.1 瑜伽行派の反論の想定：有と無と両者と非両者を説く人たち（中観派）によって、有と無の特質が成立しないことが説かれる。[472,9]

3.2 始めから寂滅していることと、本性清浄（中観派による言及） [472,16]

3.3（著者）肯定と否定の排除の三種 [472,21]

3.4 無分別な顕現が自己の形象のみとして確定された。[473,11]

4 実在の実義について [473,19]

4.1 考察の努力はダルマキールティの評釈とプラジュニャーカラグプタの註釈においてなされるべきである。[473,20]

4.2 ユヴァラージャの理趣と聖ナーガールジュナ等の確立 [473,22]

4.3 いかなるあり方でも、顕現のみの否定はない。[474,4]

4.4 自己認識された形象にとって考察に耐えないということはない。[474,12]

5 MAnV I.7cd [474,17]

5.1 始めから寂滅していること、本性清浄、離垢清浄、一切の無を分別することを破壊すること（ジュニャーナシュリーミトラの主張） [474,19]

5.2 世間においても自己顕現の言説は存在する。[475,16]

6 想起に基づく自己認識説論証に対する批判 [475,22]

7 有形象の主張には懸念すらも存在しない。有形象の主張はシャーンティデーヴァによって承認された。[476,6]

7.1 BCA IX.26 とジュニャーナシュリーミトラの解釈 [476,13]

8 （結語）六根と識の対象領域であると承認された諸形象は否定されない。[477,8]

9 自説の正統化 [477,16]

9.1 MMK I.1a [477,19]

9.2 否定は、行為と行為要素の関係に結び付けられる。[478,1]

9.3 Saṃdh VIII.7 [478,3]

9.4 PVin I.55cd [478,7]

9.5 RG 1.9 [478,9]

9.6 自己認識から別の帰依処はない。[478,11]

註

[1] この「正理」(yukti) に関して、すでに本章「はじめに」で言及した記述であるが、ジュニャーナシュリーミトラは SS 冒頭で次のように述べている。J 367,20-368,1: yadi yuktir ekānekavirahalakṣaṇā bāhyam asaṃbhavi saṃbhāvayitum upanīyate...「もし、一多を離れていることを特質とする正理が、存在していない外〔界〕を有り得べきものにするために用いられるならば、……」。すでに述べたように、シャーンタラクシタが考案した離一多性という証因による無自性論証は、一切法の無自性性を一つの論証式において示そうとした意図において、中観思想史上、画期的意味を持つが（松本 1978参照）、ここで、この証因が「正理」と呼ばれている。では、ジュニャーナシュリーミトラが「慢心をもつ者」と呼んだのはシャーンタラクシタであろうか、といえば、必ずしも直ちにそのように言うことはできないようである。確かに、この SS の記述の後には、MA 16cd-17ab が引用されており (J 471,7-8)、自己認識において行為と行為要素の関係がないことが主張されているが、シャーンタラクシタ以前の中観思想家の影響というものを考える必要があるであろう。本章註 3 を参照されたい。

なお、yukti に関して言えば、聖言 (āgama) とともに判断の基準となるが、それぞれの思想家によって与えられた意味そのものにも注意が必要であろう。例えば、ジュニャーナガルバは、正理を証因の三相から生じた知であり勝義と考える。Cf. SDV 156, 18-23: slu ba med pas rigs pa ni ‖ don dam yin te | (k. 4ab) rigs pa'i stobs kyis don la nės pa ni slu bar mi 'gyur te | de'i phyir tshul gsum pa'i rtags kyis bskyed pa'i rtogs pa gaṅ yin pa de ni dam pa yaṅ yin la | don yaṅ yin pas don dam pa'o |.「"欺くことがないので、正理は勝義である。" 正理の力によって対象に対する判断は欺かない。それ故に、三相を具えた証因に基づいて生み出された理解は、「勝」でもあり「義」でもあるので、勝義である」。ジュニャーナガルバの二諦説については、松本 1978 参照。

なお、ジュニャーナシュリーミトラは、上掲の SS の記述に先立って次のように述べている。J 367,10-13: bāhyaṃ na tāvad idam eva yataḥ prakāśarūpaṃ svato niyamataś ca sahopalabdheḥ | yuktyā na cānyad iha sambhavi sambhave 'pi na grāhyalakṣaṇam ato matimātram etat ‖「先ず、ほかならぬこの〔世間〕は、外的なものではない。なぜなら、〔この世間は〕自ら (svataḥ) 顕現を性質とするから。また、同時知覚の必然性のゆえに。また、正理 (yukti) によってこの〔世間〕で他のもの〔＝心以外のもの〕はあり得ない。あり得るとしても、所取の特質をもつものではない。この故に、この〔世間〕は知のみである」。すなわち、正理を判断の基準として、心以外のものを否定する記述である。

[2] 「自己作用の矛盾」に関する議論は、SS に三箇所確認される（J 467,8-10; J 470,18-25; J 475,16-18)、本章ではそのうち第二及び第三の記述が和訳されるが、第一の箇所についてはここにテキストを示し、試訳を付しておきたい。

(1) J 467,8-10: svayam eva ca sattvaṃ cet prakāśo 'pi svayaṃ bhavet | jaḍasya. svakāritravirodho hi tāvatām anayoḥ samaḥ ‖.

「また正に自ら無感覚なものの存在性がある、というならば、顕現も自ら生じるであろう。というのは、自己作用という矛盾は、その限りのものにとって、その二つにおいて等しいからである。」

なお、この記述において、“svayam . . . prakāśo” と “svakāritravirodha” が対比的に述べられていることに注目すべきであると思われる。この対比的な用法は、「自己作用の矛盾」に関する第三の箇所の議論においてより鮮明である。即ち、J 475,16-18 では、“svaprakāśa°” と “kāritravirodha” が対比されている。

[3] 自己認識説について、それぞれ違った角度からであるが、最初期に疑った中観思想家として、バーヴィヴェーカ Bhāviveka (ca. 490-570) とチャンドラキールティ Candrakīrti（7世紀頃）をあげることができる。バーヴィヴェーカは、彼の『中観心論』*Madhyamakahṛdaya* (MHK) V.20-26 において、識の自としての顕現と対象としての顕現を扱っている。山口 1941、特に pp. 272-237 参照。この二つの顕現に対する批判的言及は、自己認識を可能にしている前提そのものに疑義を呈したものとして注目される。ただし、識が二つの顕現を持つことは、必ずしも唯識説のみに限定されず、有外境論、すなわち経量部説においても同様であることには注意を要する。

一方、チャンドラキールティは、バーヴィヴェーカのような観点とは異なり、おそらく、「認識」そのものを「作用」として見る観点を持ったと考えられ、その過程において自己認識説を「自己作用の矛盾」と捉えたのではないかと思われる。

この SS の箇所における「自己自身に対する作用というのは矛盾であるから (svātmani kāritravirodhāt)」という記述は、チャンドラキールティに特徴的な批判の仕方であり、彼の *Madhyamakāvatāra* (MAv) VI.72 とそれに対する彼の *Madhyamakāvatārabhāṣya* (MAvBh) の所説よりその意味が知られる。今、その記述を示せば、次の通りである。MAvBh, D271b6-272a1: gal te gzuṅ ba daṅ ’dzin pa źes bya ba gñis kyis stoṅ pa gźan gyi dbaṅ yod na de’i yod pa de khyod kyis śes pa gaṅ gis dmigs / de ñid kyis de ’dzin par ni[1] mi ’thad de / raṅ gi bdag ñid la byed pa daṅ[2] ’gal ba’i phyir ro / ’di ltar ral gri’i so de ñid kyis de ñid mi gcod la / sor mo’i rtse mo de ñid kyis de ñid la mi reg ciṅ / legs par bslabs pa’i gyer źiṅ yaṅ gze[3] can gyis kyaṅ raṅ gi phrag pa la źon par mi nus shiṅ / mes raṅ gi bdag ñid mi sreg la / mig gis raṅ gi bdag ñid la lta ba ma yin no //. ([1] P *om.* [2] byed pa daṅ P : byed par D [3] gze P : gzor D)「もし所取と能取といわれる二を欠いた依他起があるならば、それ〔＝依他起〕の有をあなたはいかなる知によって捉えるのか。それはそれ自身によって把捉されるというのは正しくない。自己自身に対する作用は矛盾であるからである。すなわち、刀の刃はそれ自身を切らず、指先はそれ自身に触れず、良く学んだ賢く身軽な人も自分の肩に登ることはできず、火はそれ自身を焼かず、眼はそれ自身を見ないのである。」（松本 1980a: 163参照。）なお、刀の刃の譬喩に関して、釈 2000: 507 註21では『大毘婆沙論』における類似の喩例が指摘されている。大衆部の問いとそれに対する答論であるが、重要な指摘と思われるので、以下に引用しておきたい。『大毘婆沙論』T27.1545: 42,12-14: 智等能了為自性故。能了自他。如燈能照為自性故；T27: 43,26-27: 世間現見。指端不自觸。刀刃不自割。瞳子不自見。壯士不自負。

また、BCA 及び BCAP においても同様の論旨が確認される。*Cf.* BCAP 391,12-392,9: uktaṃ ca lokanāthena cittaṃ cittaṃ na paśyati ‖ 17cd ‖ (……) **cittaṃ cittaṃ na**

paśyatīti, cittaṃ svātmānaṃ na jānāti, saty api vastutve svātmani kāritravirodhāt. katham iva. **na cchinatti yathātmānam asidhārā**. na cchinatti yathātmānam asidhārā tathā manaḥ ‖ 18ab ‖ **yathā** sutīkṣṇāpy **asidhārā** khaḍgadhārā tadanyavad **ātmānaṃ** svakāyaṃ **na cchinatti** na vighāṭayati, svātmani kāritravirodhāt, **tathā manaḥ**. asidhārāvac cittam api svātmānaṃ na paśyatīti yojyam. tathā hi na tad evaikaṃ jñānaṃ vedyavedakavedanātmasvabhāvatrayaṃ yuktam. ekasya niraṃśasya trisvabhāvatā 'yogāt.「"また、世尊によって、心は心を見ないと言われた。"（……）心は心を見ない、〔すなわち〕心は自己自身を知るということはない。実在であるとしても、自己自身に対する作用という矛盾があるから。どのようにか。刀の刃が自己を切らないように〔と次の第18偈に述べられる。〕"刀の刃が自己を切らないように、そのように意はある。"　非常に鋭い刀の刃〔すなわち〕剣の刃も、それ〔＝刀の刃〕とは別のもののように、自己を〔すなわち〕自己の体を切らない〔すなわち〕破壊しないのである。自己自身に対する作用という矛盾があるから。そのように意はある。刀の刃のように、心も自己自身を見ない、と結びつけられるべきである。すなわち、ほかならぬその単一な知が、認識対象と認識主体と認識という自己の三つの自性を持つことが妥当である、ということはないのである。単一の部分を持たないものが、三つの自性を持つことは不可能であるからである。」（太字、下線部＝BCA）　この記述の後半では、識に三つの自性を認めるような考えが述べられるが、これは明らかに、チャンドラキールティが主張する自己作用の矛盾という考えから発展した段階の見解を示しており、おそらく MA 16cd-17ab に基づくものであろう。これに関しては、SS に antaraśloka として MA 16cd-17ab が引用される箇所 (J 471,7-8) で論じる。さらに、プラジュニャーカラマティは「自己作用の矛盾」について BCAP 395,4-13 で論じており、ジュニャーナシュリーミトラが思想的に大きな影響を受けたと思われるプラジュニャーカラグプタも *Pramāṇavārttikālaṃkāra* (PVA) においてこの議論を取り上げ、また、ラヴィグプタもこの説を批判する見解を示している。Cf. PVA 353,13-354,5, PVṬ(R) D123a4-7.

なお、バーヴィヴェーカの呼称について、江島 1990参照。

4 ここで反論者は、指先がその同じ指の先端によって触れられることの矛盾を指摘するのに対して、ジュニャーナシュリーミトラは、その指先は、どうして柔らかいものとして触れられるのか、すなわち感受されるのかと問うて、それ自身で柔らかいのであると答えているが、反論者は、しかし、正にこのジュニャーナシュリーミトラの見解を指摘して、自己自身に対する作用という矛盾があると述べている。

すなわち、ここには、「自己自身に対する作用という矛盾」に関して、二つの反論者の自己認識説批判の内容を認めることができるだろう。一つは、a) 同じ指先によって触れられることであり、もう一つは、b) それ自身で柔らかいことである。a) はすでに指摘した通り、チャンドラキールティに特徴的な批判の仕方であるが、b) に関して言えば、散文箇所において「知は自ら顕現する」とも表現されており、直接的な作用でなく、「顕現する (bhāsate)」という表現を用いた点で、チャンドラキールティの批判とは異なるやり方が取り上げられていることが知られる。この「知は自ら顕現する (dhīr bhāsate svayam)」という表現は、たとえば、すでに註2で言及したように、ジュニャーナシュリーミトラが、自己自身に対する作用に関連して、J

475,18: svaprakāśam api vastv asti na ca kāritravirodha.「しかし、自己顕現 (svaprakāśa) は実在 (vastu) である。しかるに〔自己自身に対する〕作用という矛盾は存在しない。」と述べていることから、svaprakāśa「自己顕現」と同義であると見なすことも可能と思われる。なお、プラジュニャーカラマティは、BCAP において、自己認識説を擁護する側の見解を取り上げる箇所で、次のように述べている。BCAP 396,10: svahetujanitasyātmaprakāśasyānupaghātāt.「自己の原因から生じた自己顕現 (ātma-prakāśa)〔もしくは照明〕は害されないから」。この一文を含む一節 (BCAP 396,4-17) では、単一なる知に作用等の三つの自性があり得ないことが述べられ、MA 16cd-17abが引用されているが、ジュニャーナシュリーミトラが、この BCAP において述べられている「自己顕現」を意図し、反論者の見解として取り上げたという想定は十分に成り立つであろう。

[5] この一文の解釈は、必ずしも容易であるというわけではないように思われるが、まず、「自ら到達する (svayaṃ gacchati)」とは、PV II (Pramāṇasiddhi).4d: "svarūpasya svato gatiḥ"「〔知〕それ自体は、それ自身で認識される。」に言及していると解釈すれば一応説明がつく。すなわち、この句の svarūpasya が省略されているが、svatas を svayam によって、gati を動詞の gacchati によって、それぞれ言い換えたという見方である。しかしその解釈によっても、主語が SS には明示されていないためもあり、ジュニャーナシュリーミトラの意図が全く明瞭であるわけではないが、少なくとも、この PV II.4d を、svayaṃ gacchati だけではなく、「自ら輝く (svayaṃ gaura)」と言い換えているところに、彼の意図する有形象唯識説が極めて簡潔な表現によって述べられていると見ることが可能なのではないかと思われる。ただし、繰り返し言えば、svayaṃ gacchati は主語が明示されていない非人称的な文ではある。このように主語が省略されることはまったく通常のことであるが、svayaṃ gaura の gaura が男性単数主格を指示するとすれば、主語が何であるのか考えるべきであろう。この前後関係からすれば、日本語で「知」、サンスクリットでは、この直前の文の女性名詞 dhī がそれであろうが(J 470,22)、そうであるとすると性が合わないことになる。むしろ我々はここでジュニャーナシュリーミトラ自身がはっきり主語を明示しようとしていないことこそに注意しておくべきではないかと思われる。

なお、PV II.4 の翻訳を含む箇所の研究に関しては、特に、渡辺 1976、Katsura 1984、谷 1985、木村 1987、Bijlert 1989、稲見 1992参照。

[6] 次に続く複合語 preraṇāṅgarāgajanitatvādipratikṣepeṇa は、複合語の解釈だけでなく、それが一体どのような学説に言及するものか理解し難い点が残る。或る rāga は、preraṇa を aṅga とするものであると理解し、一応このように直訳した。

なお、aṅga は rāga を構成する要因、要素というような意味で理解した。和訳において「要因」の訳語を用いるべきかと考えたが、文意が必ずしも明確ではないため、「支分」の訳語を与えた。

"sarvathā na vaktavyam evaṃvādibhiḥ" は、反論者の意見を否定する意図が強調された表現と感じられたため、幾分大仰に「このような説を唱える者ども」と訳した。また、このように複数形で言われているのは、それがここまでに取り上げた中観派の見解をも含む説なのか、それとも「しかるに、そのように」以下の反論部分にのみ言及するものなのか、確かなことは言い難い。しかし、仮にジュニャーナシュリーミトラが、反論者達に対して、全面的にそう語ってはならぬ、と辛辣な気持ちを込めて言うなら、preraṇa 等の語を用いてジュニャーナシュリーミトラに反論した相手というのは、非仏教徒を想定できるのかもしれない。

なお、preraṇa の語に関して言えば、ジュニャーナシュリーミトラは他に一度だけこの語を用いている。Cf. J 561,5-6: yatnādau saty api yathā parapreraṇavāraṇāt | svayaṃgamoktis tajjātivāraṇaiva svabhāsane || (SSg IV.38) ||.

[7] この一文も簡潔な表現であり解釈が難しい。このうち「他のものによって」は共相を指し、「近在」sannidhi が pratyāsatti と同義であると解釈すれば、一応この文は、"ある二つの対象が近在している時、その二つの対象の同一性は共相によって認識される"というような意味で理解できるであろう。

しかし、すでに見たように、ジュニャーナシュリーミトラは PV II.4d を援用して自己の有形象唯識説を述べたことを考慮すると、「〔知〕それ自体は、それ自身で認識される。」と言われる時の「知」とは現量であるから、その所量は、自相によって認識するべきものである。それにもかかわらず、この反論者が、それを「共相によって認識する」と言明すれば、それは蓋し「大きな迷乱」と言わねばならないであろう。

なお、このような所量に関する sva と para の語の対比的な用法について、たとえば PV III.54cd 参照: tasya svapararūpābhyāṃ gater meyadvayaṃ matam ||. 「（和訳＝戸崎 1979: 124-125:）それ（＝唯一の所量である自相）をそれ自身の相によって認識する（場合）と他の相（共相）によって認識する（場合）とがあるから、所量は（自相と共相との）二種であると認められたのである。」

「近在」もしくは pratyāsatti に関しては、PV III.46-47 参照: yāpy abhedānugā buddhiḥ kācid vastudvayekṣaṇe | saṃketena vinā sārthapratyāsattinibandhanā || praty-āsattir vinā jātyā yatheṣṭā cakṣurādiṣu | jñānakāryeṣu jātir vā yayānveti vibhāgataḥ ||. 「（和訳＝戸崎 1979: 114-115:）二つの実有を知覚する場合、社会的約束なくして、（二つの実有の）無相違を随知（＝決知）する何らかの知が生じるけれども、それ（＝その知）は対象（＝二つの実有）の極近に基因する。たとえば種（＝共相）なくして、（色の）知を果とする眼等（＝眼・対象・光・作意）に「極近」が認められるように。あるいはそれ（＝極近）による分類から、種（＝共相）は随転する。」 戸崎博士の説明によれば、ダルマキールティは「二つの対象の同一性を決定する知の生起は実在する共相によるのではなく、両対象間の「極近」(pratyāsatti) による。」（戸崎 1979: 114）という。tatsannidhau の tat もこれにしたがって、二つの対象と理解したが、訳文には反映させなかった。

上述したように解釈すれば、以上の SS の一節は、まずジュニャーナシュリーミトラが PV II.4d を引き合いに出すことによって、その前半においては知そのものに関して、後半においては所量に関して論じたと見なすことができると思われる。

[8] この仮想反論は解釈が難しい。まず、「行為者を有する」と訳した sakarmika という複合語に若干違和感をもつ。この文中に二度出るこの複合語は、J では、この箇所以外には用いられない。しかるに、この複合語はいずれも kriyā にかかるものだが、

kriyā が sakarmika に限定されるとして、これによって何故 karman が単一なものとされ、kartṛ が妥当しないとされるのか、他方、行為者を有する作用が、知と対象をもつというように、何故、作用に知と対象を帰属させるのか、趣旨が不明瞭であるように思われる。あるいは、この記述は、“認識のあり方”そのものを、作用や行為者、作用対象、知、対象といった要因を駆使してあれこれ宣う者たちに対する当て擦りのようなものであろうか。sakarmika という複合語の冗長な構成も、それを強調するためのものとも思われ、単に「行為者を有する」という意味ならば、sakarmin もしくは karmika のみでよいようにも思われる。仮にそうであるとすれば、そのような者たちに対して、ジュニャーナシュリーミトラは偈の形式を選んで、“汝ら、我々が述べる「知は自ら顕現する」ということ等については黙っているものだ”と言うほかなかったのかもしれない。事実、この仮想反論に対する返答に続いて述べられるジュニャーナシュリーミトラの散文による解説は、「認識される」という事態について、他の人が、行為と行為主体を語ろうとする意志を否定するものである。

9 註8において述べたように、認識に関して、反論者が動詞「認識される」に対して、行為と行為主体によって語ろうとする意志を否定し、ジュニャーナシュリーミトラ自身の主張では、それが「顕現する」とだけ言われるということが述べられた一節と思われる。

なお、註5で述べたように、ジュニャーナシュリーミトラがここでも主語をはっきり示そうとしていない点に一応注意しておくべきかもしれない。

10 あえて反論者に語らせたこの一句は、たとえば『華厳経』「性起品」すなわち『性起経』のいわゆる「微塵含千の喩」中の次のような一節との関連を示唆すると思われる。『宝性論』*Ratnagotravibhāga* (RG) よりそのサンスクリットテキストを、松本史朗博士の和訳とともに示せば次の通りである。RG 22,10-12: na sa kaścit sattvaḥ sattvanikāye saṃvidyate yatra tathāgatajñānaṃ na sakalam anupraviṣṭam. api tu saṃjñāgrāhatas tathāgatajñānaṃ na prajñāyate. saṃjñāgrāhavigamāt punaḥ sarvajñajñānaṃ svayaṃbhūjñānam asaṅgataḥ prabhavati.「衆生の群の中で、そこに如来の智が、遍ねく、内在していない衆生は、ひとりもいない。しかし、想による執着にもとづいて、如来の智は、知られない。しかし、想による執着を離れることによって、一切智者の智、自生者の智は、障えられずに、顕現する。」〔下線＝新井〕松本 1994: 478-485 参照。この一節に関して、さらに高崎1974: 46-48、高崎 1989: 39-41 参照。

また、svayaṃbhū の語については、『十地経』における用例も知られる。DBhS 7,29-31: evam eva bho jinaputra sarve buddhadharmā bhūmipūrvaṃgamāś caryāpariniṣpattito bhūmiparyavasānāḥ svayambhūjñānādhigamatayā.「おお、勝者の子よ、まさにこのように一切の仏法は、地を先として行を完成し、地を終として自生者の智を獲得するのである。」；DBhS 11,23-28: mahākaruṇāpūrvaṃgamaṃ prajñājñānādhipateyam upāyakauśalyaparigṛhītam āśayādhyāśayopastabdhaṃ tathāgatabalāprameyaṃ satvabala-buddhibalasuvicitavicayam asambhinnajñānābhimukhaṃ svayambhūjñānānukūlaṃ sarva-buddhadharmaprajñājñānāvavādasampratyeṣakaṃ [α]dharmadhātuparamam ākāśadhātusthita-kam aparāntakoṭiniṣṭham[α].「〔その心は〕大悲を先とし、般若と智を増長し、方便善巧に摂められ、直心と深心に支えられ、如来の力によって量られず、衆生の力および

智の力がよく考察され考究され、区別をもたない智が現前し、自生者の智に従い、一切の仏法の般若と智の教えを受け、法界を究極とし、虚空界に住し、未来際を究めるものである。」　このDBhSの引用のうち後者の α の一節は、『宝性論』で如来が説明される時、引き合いに出されるものである。この問題を含め、『宝性論』と『十地経』の関係については、高崎 1974: 556-558 参照。

これらの『性起経』及び『十地経』の記述に基づき、SS で「自生者」と言うことによって「自生者の智」svayaṃbhūjñāna が含意されていると見ることが可能と思われる。

しかるに、ジュニャーナシュリーミトラはこの句を含む反論の趣旨を彼の答論において認めるが、では、一体何故それを自ら語らず、予め反論として語らせ、自ら認めるという論述の仕方を取ったのであろうか。『性起経』が如来蔵思想の形成にとって重要なものであること、また、SS に RG が多数引用されることから、ジュニャーナシュリーミトラの『性起経』や『十地経』、RGに対する意図について考察する必要があると思われるが、今後の課題としたい。

なお、『十地経』の引用文中、複合語 prajñājñāna° の解釈に関連して、金沢篤教授よりご教示をいただいた。記して謝意を表したい。

[11] 「世尊は自生者である」等の句を指すと思われる。

[12] MA 16cd-17ab の引用である。この直前までで扱った箇所では、ジュニャーナシュリーミトラは「自己自身に対する作用の矛盾」を取り上げていたが、本稿で和訳した SS の範囲においては、認識を、それ自身以外の、行為や行為要素といった他の要因によって理解することが妥当しないことを述べ、ジュニャーナシュリーミトラの有形象説の主張に従って、prakāśate や bhāsate という動詞によってそれを論じている。その趣旨は MA 16cd-17ab に述べるところと、あるいはそれが依拠した PV III.354 における識の三分説批判と同様であると思われる。PV III.354 解読の詳細については、本書第3章第1節参照。

[13] antaraśloka の語に関して、御牧 1980参照。

[14] 「これ」とは、J 471,7-8に中間偈 (antaraśloka) として直前に引用された MA 16cd-17abを指すであろう。

[15] この一文は一部語形等に違いが認められるが、以下に示す BCAP 下線部の引用である。この引用については本章「はじめに」註1を参照されたい。この箇所のテキストと訳を示せば次の通りである。

> BCAP 396,8-397,6: na punar asmābhiḥ karmakartṛkriyābhedena jñānasyātma-prakāśanam iṣyate. ekasya sataḥ karmādisvabhāvatrayasyāyogāt. tan na kriyādi-bhedena dūṣaṇe 'pi kiṃcid dūṣitam asmākaṃ syāt. svahetujanitasyātmaprakāśa-syānupaghātāt. iti nātmasaṃvedane pratipāditadoṣaprasaṅgaḥ. tad uktam.
>
> vijñānaṃ jaḍarūpebhyo vyāvṛttam upajāyate |
> iyam evātmasaṃvittir asya yājaḍarūpatā || (MA 16)
> kriyākārakabhedena[1] na svasaṃvittir asya tu |
> ekasyānaṃśarūpasya trairūpyānupapattitaḥ || (MA 17)

atrocyate, kriyākārakabhedena vyavahāraprasiddhaṃ śabdārtham adhigamya dūṣaṇam uktam, svasaṃvedanaśabdasya tadarthābhidhāyakatvāt. yadi punar doṣabhayāl lokaprasiddho 'pi śabdārthaḥ parityajyate tadā [2]lokata eva bādhā bhavato bhaviṣyati[2]. ittham api na paramārthataḥ svasaṃvedanasiddhiḥ. tathā hi hetupratyayopajanitasya pratibimbasyeva niḥsvabhāvatvam uktam.

[1] °bhedena] BCAP; °bhāvena J, TS; *cf.* bya daṅ byed pa'i dṅos por min MA.

[2] lokata eva bādhā bhavato bhaviṣyati. 下線部が J 471,10に引用される。

（対論者）しかし、我々によっては、知の自己照明 (ātmaprakāśana) が、行為対象と行為者と行為の区別によって認められる、ということはない。単一の存在しているものが、行為対象等の三つの自性をもつことは不合理であるからである。従って、行為等の区別によって論破 (dūṣaṇa) があるとしても、我々にとって何も論破されないであろう。自己の原因から生じた自己照明 (ātmaprakāśa) は害されないからである。というわけで、自己認識に関して述べられた〔自己作用の矛盾という〕過失に陥ることはないのである。それが言われた。

「無感覚な性質をもつ諸々のものとは異なったものとして識は生じる。これ〔＝識〕が無感覚な性質をもつものでないこと、ほかならぬこれが自己認識である。」

「しかし、これ〔＝識〕の自己認識は、行為と行為要素の区別によってあるのではない。部分をもたない性質をもつ単一なものが三つの性質をもつことは不合理であるから。」(MA 16-17)

（プラジュニャーカラマティ）これに対して言われる。言説によって一般的に承認された語の意味を認めて、行為と行為要素の区別によって、〔MA 17において提出されたような、自己認識に対する〕論破 (dūṣaṇa) が〔チャンドラキールティによって〕言われた。自己認識という語は、それ〔＝言説によって一般的に承認された語〕の意味を指示するものであるが故に。

しかし、もし過失を恐れることから、世間の人々に一般的に承認された語の意味が捨てられるならば、その時には、他ならぬ世間の人々から (lokata eva)、あなた〔＝対論者〕に、無効因 (bādhā) が生じるであろう。かくして、勝義として自己認識が成立することはないのである。すなわち、因と縁から生じたものは影像のように無自性であることが言われた。

この BCAP の記述に取り上げられている対論者の主張は、MA 16-17に対する *Madhyamakālaṃkāravṛtti* (MAV) の要約になっているように思われるが (MAV: 72 参照) 、単一なる自己認識に行為対象等の三つの自性を認めることの不合理を述べるものである。これに対して、「行為等の区別によって論破がある」という見解が引き合いに出されるが、この見解はチャンドラキールティに特徴的な自己認識説批判、すなわち「自己作用の矛盾」を意味するであろう。なぜなら、「自己作用の矛盾」とは、単一なる自己認識に行為等の三つの自性を認めることによって生じるからである。すなわち、「自己作用の矛盾」とは、単一なる自己認識に行為対象等の三つの自性を認めた結果生じる矛盾であると批判的に分析されるのである。上記 MAV に関して、松本 1980a: 161-163 参照。

しかし、この論破はこの対論者にとって有効ではない。というのも、この対論者が主張するのは「自己の原因から生じた自己照明」であり、単一なる自己認識に行為等の三つの自性を認めることも、自己作用の矛盾も妥当しないからである。

したがって、この BCAP の記述には、自己認識説をめぐって三つの見解があることが知られる。

(i) 単一なる自己認識に行為対象等の三つの自性を認めることの不合理

(ii) 行為等の区別による「自己作用の矛盾」

(iii) 自己の原因から生じた自己照明

このうち、(ii) は (i) のように分析されるから、実際には (i) と (iii) の二つの評価が、この対論者の記述に認められるのである。(i) と (ii) は自己認識説に対する批判であり、(iii) が自己認識説を主張する者の見解である。このような自己認識に対する二つの評価は、ジュニャーナシュリーミトラが取り上げているが、これがこの BCAP の記述を想定していたと見なすことは十分可能であろう。これに関して、註4参照。

さて、このようなシャーンタラクシタと思われる対論者の見解に対して、プラジュニャーカラマティは、世間の人々によって一般的に承認された語の意味を認めることを前提した上で、行為と行為要素等の区別によって論破が言われたと述べている。

しかるに、この「論破が言われた」とは、一体何に対して、誰によってなされたのであろうか。これに関連して、特に、この BCAP の一節における「言われた」(ukta) という表現が気にかかる。私見するに、この語は BCAP において一般に経証や他の作品もしくは他の見解の引用に関連して用いられることが顕著であるから、この場合にも、この「論破」はプラジュニャーカラマティ以外の誰かによってすでに述べられたものと考えられる。したがって、これは、上述したように、自己認識に対する「論破」がチャンドラキールティによって「言われた」と理解するのが妥当であろう。その際述べられる「行為と行為要素の区別によって」という論拠が、「自己作用の矛盾」を含意していることはすでに見たとおりである。

しかしながら、従来の翻訳では以上の点は必ずしも明らかにされなかったようである。BCAP に引用される MA 16-17 の直後に述べられるプラジュニャーカラマティの見解について、これまでの翻訳を示せば次の通りである。(下線はすべて引用者による。)

森山 1996:「このことに対して次のように答えよう。作用の結果と作用の手段という区別という点で世間的常識として受け入れられている事柄 (vyavahāraprasiddha) という言葉の意味を理解して <u>[Śāntarakṣitaの主張の] 誤謬を指摘する</u>。自己認識という言葉はそういう (作用の結果と手段の無区別の) 意味を表わしているからである。しかし、もし過失を犯すことを恐れて世間に受け入れられた言葉の意味 [作用の結果と手段の区別] さえも捨て去ってしまうのなら、その場合、汝は世間からも退けられてしまうことになろう。

次のように、勝義としても自己認識 (svasaṃvedana) は成立しない。というのは、因縁によって生起した映像 (pratibimba) は無自性であると［Śāntarakṣita によって］言われている。

塚田 1988:「この点において、〔中観論者によって〕言われる。作用・作者 (kāraka) の別異性により、日常表現でよく知られた (vyavahāra-prasiddha) 言葉の意味 (śabdārtha) を認めて、論駁 (dūṣaṇa) が〔唯識論者によって〕なされた。自証 (svasaṃvedana) という言葉は、そ（作用・作者の別異性により日常表現でよく知られた言葉）の意味を表現しているのだから。これに反して、もし過失 (doṣa) に対する恐れのために、〔世間で〕よく知られた言葉の意味をも避けるのであれば、そのときあなた（唯識論者）には、世間よりして矛盾 (bādhā) があるであろう。

かくの如くして、第一義よりしても自証 (svasaṃvedana) の成就はない。すなわち、因・縁から生じた影 (pratibimba) の無自性性 (niḥsvabhāvatā) が説かれているが、それと同様に〔自己の因・縁から生じているのだから〕知 (jñāna) の自証 (svasaṃvedana) は全く成就しないのである。

釈 2000:「〈中観論者〉ここで[次のように]答える。〈A〉行為[など]の行為要素の区別によって、日常的営み (vyavahāra) の次元において成立している言葉の意味を理解したあとで、[われわれは以上の]論破を述べたのである。自己認識という言葉は、その[行為などの行為要素の区別の]意味対象を表現しているが故に。しかし、もし[われわれが述べた]誤謬を恐れるために、世間に一般的に是認されている言葉の意味までをも[汝が]放棄するならば、その場合には、まさに世間の次元で排撃が汝にあるに違いない。

〈B〉そうだとしても、勝義の次元においては、自己認識は成立しない。すなわち、直接的な原因と間接的な原因とから生まれた、映像と等しいものは、本質をもたないと言われる。

すでに見たとおり、単一なる自己認識に三つの自性を認めることの不合理は、シャーンタラクシタ自身が指摘しているところである。したがって、森山 1996 のように「［Śāntarakṣitaの主張の］誤謬を指摘する」と読んだところで、文意は必ずしも明瞭ではないようである。いずれにせよ、氏はこの一文の主語を著者であるプラジュニャーカラマティと理解していて、この点、釈 2000 も同様であろう。しかし、両氏とも ukta を受動の意味で取っておらず、望ましい翻訳となっていない。これが他の誰かによって述べられたものであることが読み手に理解されないかもしれないからである。一方、塚田 1988 では、「論駁 (dūṣaṇa) が〔唯識論者によって〕なされた」と解釈されているが、いかなる唯識論者によって論駁がなされたのか明確でないようである。

なお、当該箇所を考察したものとして、山口 1941: 315 参照。

プラジュニャーカラマティが、自己認識に対して「自己作用の矛盾」を指摘する批判の仕方はチャンドラキールティに従ったものであろうが、ここでプラジュニャーカラマティの批判について指摘しておくべきなのは、あくまで世間の人々の観点を引き合いに出すことによって批判がなされていることである。つまりプラジュニャーカラマティ自身が積極的にこの論破を行ったのではない、と理解される。これと対照的に、プラジュニャーカラマティは「かくして、勝義として自己認識が成立することはないのである。」と述べ、まさに勝義における自己認識の否定に力点を置いているのは明らかで、ここに帰謬論証派の傾向を指摘できるであろう。これに関連して、WILLIAMS 1998: 37-49、釈 2000 参照。

さて、プラジュニャーカラマティは、以上のようにチャンドラキールティの見解を引き合いに出してから、もし対論者が言説によって一般的に承認された語の意味を廃棄するならば、その者には、世間の人々から無効因が生じるであろうという趣旨の批判を述べている。この BCAP "lokata eva bādhā" の解釈に関して言えば、BCA IX.8c: anyathā lokabādhā syāt が、BCAP 378,15-16: **lokabādhā syāt**, lokapratītena virodho bhavet.「世間の人々によって一般的に理解されたものとの矛盾が生じるであろう」と註釈されることからも知られるように、これは「世間相違」(lokaviruddha) という論理学的過失による批判であろう。すなわち、プラジュニャーカラマティによれば、自己認識とは、世間の人々によって一般的に理解される行為と行為要素の区別によって意味が理解されるのである。

ジュニャーナシュリーミトラが SS に引用するのもこの「世間の人々から無効因が生じるであろう」という一文であるが、引用文が一部異なる。両者を引用すれば次の通りである。

BCAP: lokata eva bādhā bhavato bhaviṣyati

SS: loka eva bādhako bhaviṣyati

問題は、loka に関して、ablative の形を取る BCAP「世間の人々から」と、locative の SS「世間の人々において」の相違であろう。BCAP は「世間の人々から」言説によって一般的に承認された語の意味を廃棄する人に対して無効因が生じるという意味で理解されることは上述したとおりであるが、locative の SS「世間の人々において」の形でも、bādhaka は、言説によって一般的に承認された語の意味を廃棄する人に対して生じると解釈されるので、上記二つの文は同義であると見ることができるであろう。

ジュニャーナシュリーミトラは、この一文を引用した後、プラジュニャーカラマティの見解を追認して、その見解はすでに MA 16cd-17abにおいて否定されたと述べるのである。これは一見奇妙なようであるが、しかし、よく考えるならば当然のことであろう。すなわち、ジュニャーナシュリーミトラが真に意図し主張するのは「自己顕現性」(svaprakāśatā) にほかならないからである。

以上の考察が正しければ、これに続く「そのような種類のもの」とは、ジュニャーナシュリーミトラ自身が、先に、中間偈のMA 16cd-17abにおいて取り上げた見解、すなわち「単一なる自己認識に行為対象等の三つの自性を認めること」、もしくはこれによって含意される「行為等の区別による「自己作用の矛盾」」を指すであろう。

なお、svaprakāśatā に関して言えば、有形象唯識説を説くジュニャーナシュリーミトラにおいては、「自己照明性」ではなく、「自己顕現性」という訳語の方が適切かもしれないが、文脈上、知の内的構成が扱われている箇所であることを考慮し、今ここでは「自己照明性」と訳しておく。この問題に関して、新井 2004: 296ff. 参照。

プラジュニャーカラマティの二諦説、特に世間世俗諦に関する彼の見解に関しては、BCAP ad BCA.IX 2-3参照。特に、BCAP ad BCA IX.2には、*Madhyamakāvatāra* (MAv) VI.25, 28 が引用され、二種の世俗が規定されるが、MAv VI.25cdに用いられる "lokata eva" という表現は、プラジュニャーカラマティが、"lokata eva bādhā bhavato bhaviṣyati" と述べ世俗に言及するに際し、示唆を与えたものと思われる。

ところで、シャーンタラクシタが MA 17 において示そうとしたのは、PV III.354: avibhāgo 'pi buddhyātmā viparyāsitadarśanaiḥ (*em.* : buddhyātmāvi° PV) | grāhyagrāhaka-saṃvittibhedavān iva lakṣyate ||「知の本質は区別をもたないけれども、顚倒した見解をもつ人々によって、所取と能取と〔自己〕認識という区別をもつもののように見られる。」において説かれる知のあり方であったと思われる。この関連は、Kamalaśīla が彼の *Madhyamakālaṃkārapañjikā* に、*Pramāṇavārttika* の書名を引用することからも知られる（一郷氏はここに PV III.354, 357との関連を示し、この二つの偈を引用している。ICHIGO 1985: 71参照）。それ故、MA 17で述べられたような、単一なる自己認識に三つの自性を認める者について、PV III.354に引き合いに出される「顚倒した見解をもつ人々」との関連もあるという想定が成り立つかもしれない。しかし、上述したように、BCAP における ukta の用法から、より直接的にチャンドラキールティを指示すると見なした。「顚倒した見解をもつ人々」について、たとえばデーヴェーンドラブッディは、PVP P265b1: ma rigs pas 'khrul pa'i skyes bu dag gis.「無明によって惑乱している人たちによって」、マノーラタナンディンは、PVV 225,16: atattvadarśipuruṣair.「真実を見ない人たちによって」と註釈している（戸崎 1985: 41 脚註 9参照）。

なお、ダルモーッタラは *Pramāṇaviniścayaṭīkā* (PVinṬ) において、*Pramāṇa-viniścaya* I 45 = PV III.354を註釈する際、いわばその導入部をなす箇所 (PVinṬ P177b6-178a6 = D152b7-153a6) で、知のあり方を次の三つの要因によって表現している。すなわち、[1] 照らすものの部分が顕現すること (gsal bar byed pa'i cha gsal bar ñid)、[2] 照らされるべきものの自性が顕現すること (gsal bar bya ba'i raṅ bźin gsal ba)、[3] 自己認識の部分が顕現すること (raṅ rig pa'i cha gsal ba ñid) である。このうち [3] は「自証分」の原語に相当すると見なし得る点で注目されるが、さらにこの箇所には、「知の三分」(śes pa'i cha gsum) という記述も確認される。これは、いわゆる「識の三分説」の原語と見なし得る点で驚くべき記述である。これらの問題に関しては、新井 2009 参照。

16 この文の iti までの内容を述べる人物であり、プラジュニャーカラマティを指す。

17 前註14参照。

18 「そのような種類のもの」に関して、本書第 1 章第 3 節 p. 41を参照されたい。

19 この文の主語が示されていないが、世間の人々において、(a)「自己認識」を、行為と行為要素の関係によって語ろうとする意図が認められたが、(b)「知の対象」に関しては、行為と行為要素の関係によって語ろうとする意図は認められない、という趣旨であると思われる。

「知の対象」とは、「水甕」等を指すと思われるが、知が灯火に喩えられるのと対比的に用いられているものであろう。知の、いわば内的要因もしくは内的構成に関して、行為と行為要素の関係が取り上げられているが、「知の対象」にはそのような内的要因は適用されないという意味であると思われる。

[20] 註19において見たように、(a) 自己認識 (svasaṃvitti)、及び (b) 知の対象 (viṣaya) が順次考察の主題となっていたが、今度は、(c) 照明と形象の言説 (prakāśarūpa-vyavahāra) が取り上げられている。

成る程、世間の人々においては、(a) 自己認識を、行為と行為要素の関係によって語ろうとする意図が認められるが、(b) 知の対象に関しては、その同じ意図、つまり行為と行為要素の関係によって語ろうとする意図は、認められない。

しかるに、今度は主題を変えて、「しかし (api)、そこにおいて」、すなわち「その同じ世間の人々において」、(c) 照明と形象の日常表現に関して、自と他に存在する照明を語ろうとする意図は、認められるという反論が、ここでは述べられていると思われる。それに対するジュニャーナシュリーミトラの答論が以下に続く。

[21] Ms は svaparasthāprakāśavivakṣāyā であるが、J では svaparaprakāśavivakṣāyā であり、°sthā° を省いて読まれている。

この中観派の見解に対するジュニャーナシュリーミトラの答論は、「照明」そのものに関して述べられたものと思われる。すなわち、この「自」と「他」は、「照明」と「形象」、あるいは「知」と「対象」、「灯火」と「水甕」として言及されているものと理解されるのであるが、彼の答論では、「自」と「他」は、それぞれ svaprakāśatā と paraprakāśyatā によって言及され、svaprakāśatā だけの確立が説かれるのである。

したがって、この「自」と「他」によって、「照明」と「形象」等が主題とされていること、そしてジュニャーナシュリーミトラの答論におけるこれらの sva と para の表現を考慮すると、J のように「自と他の照明を語ろうとする意図」と解釈した方が理解はしやすいと思われる。しかし、Ms の svaparasthāprakāśa° が読解に難点をもつような印象は与えるとしても、°sthā° を省いて読まなければならない実際のテキスト上の十分な根拠を今は示し得ないので、ここでは Ms のとおりに訳を与えておく。

[22] この「灯火と水甕」の譬喩に関して、BCA XI.18cd-20 及び XI.22-23 とそれらに対する BCAP 参照。特に後者の BCA XI.22-23 は、ジュニャーナシュリーミトラが SS (J 471,16-19) に引用し、批判する偈である点で注目される。

[23] dvayadarśane の dvaya「二つ」が具体的に何を指すか本文には明記されていないが、外境の知覚における、知と形象の二つの要因を指すと理解した。すなわち、ここでジュニャーナシュリーミトラは、外界を認めながら自己認識を説く経量部説に言及していると思われる。しかし、ジュニャーナシュリーミトラが自己認識について外界の必要性を認めないことは、「他のものによって照明されるべきものであること」が否定され、「自己顕現性」の確立を主張することから知られるとおりである。

[24] 厳密に言えば、「自己認識であろうと外境認識であろうと」の意で理解されると思われる。

[25] この vyavahāra eva は、すでに出た「照明と形象の言説」と同じ意味であろう。eva の存在がそれを指示すると思われる。

[26] 「このようでないということはない」とは、「ほかならぬ自己顕現性が確立されない、ということはない」という意味であろう。すなわち、自己認識の根拠として、自己顕現性が主張されており、世間の人々によって説かれている「照明と形象」の言説においても、自己顕現性が確立するという趣旨であると思われる。

[27] BCA IX.22 の引用であるが、ジュニャーナシュリーミトラは、同偈cd句 "buddhiḥ prakāśata iti jñātvedaṃ kena kathyate ||" を "jñānaṃ prakāśata iti kenedaṃ suhṛdocyate ||" と改変して引用する。従って、次の BCA IX.23 では、日本語訳ではともに「知」であるが、BCA 原文の "buddhi" を主語とみなして訳した。

また、d 句で "kena" とのみ記述されていたのに対して、"suhṛd"（良い心をもった人）の語が補足されている。すなわちジュニャーナシュリーミトラは、自己認識を否定する中観派の立場を借りて、自己認識を認める者、即ち瑜伽行派を意味するものとして "suhṛd" の語を敢えて補足していると理解できるであろう。しかし、自らを「良い心をもった人」と呼称する点に、ジュニャーナシュリーミトラが著作する際に持った或る心的傾向を認めないわけにはいかないであろう。

[28] Cf. BCAP 399,14: **sā** svasaṃvittir.「それとは自己認識である。」

[29] Ms は loka であるが、J の lokasya に従う。

[30] 「有と無と両者と非両者を説く人 (sadasadubhayānubhayavādin) たち」を一応ここでは中観派と解釈しておきたい。この呼び方は、ここでの文脈では、*Subhāṣita-saṃgraha*を引用するBCAP 359,10-11: na san nāsan na sadasan na cāpy anubhayātmakam | catuṣkoṭivinirmuktaṃ tattvaṃ mādhyamikā viduḥ ||.「有でもなく無でもなく有無でもなく非両者でもないことを本性とする実義は、四句を離れていると中観派は知る。」の記述を直接的に念頭に置いてジュニャーナシュリーミトラは言及しているのではないかと推測される。というのも、このBCAPの直後には "ādiśānta" (BCAP 359,12) の語が出ているが、SSにおいても同様に "ādiśāntatva" (J 472,19) という語が、この呼称が引き合いに出される直後の一連の記述の中に取り上げられており、その関連が示唆されているからである。

なお、この呼び方について言えば、ジュニャーナシュリーミトラも単に「中観派」とのみ言えばよさそうなものであるが、ジュニャーナシュリーミトラの表現の特徴の一つとして着目しておいてよいかもしれない。

[31] 直前の偈頌中「目を覚ましている人 (jāgrat)」を指すであろう。

[32] この記述は反論者である中観派の主張であると考えられるが、この「聖言」とはRG を指していると見なすことができるであろうか。即ち、RG I.86 には、"ādiprakṛti-śāntatā" の記述がある。なお、BCAPにおける ādiśāntatā の用例に関して、359,10-14; 385,12; 528,10-11; 531,17; 589,9 参照。

[33] 11世紀インド仏教の読誦経典について、加納 2011参照。なお、本書第 1 章註13を参照されたい。

[34] 「本性清浄」と「離垢清浄」に関して、松本 2013: 136-140参照。

[35] J 475,1-7: rājadvāri . . . eva tam ǁ の記述は、おそらく直前の偈で言われた「狂った人によって分別されたもの (bhautakalpita)」を喩えて示したものであろう。その分別された内容はこの記述で四項目、すなわち「暗闇 (andhakāra)」「門 (dvāra)」「供物 (bali)」「親族 (bāndhava)」が挙げられていると見なしたが、表現が簡潔に過ぎ、ジュニャーナシュリーミトラが意図していたであろうような先行する記述も確認できず、その趣旨は必ずしも鮮明ではない。その上で、訳に関しては、一つの散文と二つの偈からなるこの記述を一つの文章と見なして、可能な限り直訳した。

なお、ĀTV に一部が引用される。Cf. ĀTV 530,12-16.

[36] Cf. BCA IX.26. 同偈 c 句 satyataḥ kalpanā をジュニャーナシュリーミトラはここで saṃvṛttyā tattvatas tv etad と読み替えている。

[37] この一節は全体として意味が不鮮明であるように思われるが、その上で、直訳して一応このように訳を与えた。

[38] 『解深密経』のチベット語訳と二つの漢訳を示す。

「8. マイトレーヤ章」Saṃdh 91,8-11： byams pa de la chos gaṅ yaṅ chos gaṅ la'aṅ rtog par mi byed mod kyi | 'oṅ kyaṅ de ltar skyes pa'i sems gaṅ yin pa de ni de ltar snaṅ go ǁ.

菩提流支訳「弥勒菩薩問品第九」T16.675: 674c26-27: 彌勒。彼處無有一法能觀一法。而彼心生如是現見。

玄奘訳「分別瑜伽品第六」T16.676: 698b4-5: 善男子。此中無有少法能見少法。然即此心如是生時。即有如是影像顯現。

第3章　自己認識説と唯識説

第1節　『量評釈』「現量章」第354偈の自己認識説

1　「所取」「能取」と「自己認識」の関係について

本節はダルマキールティの『量評釈』「現量章」(*Pramāṇavārttika*, pratyakṣa: PV III）第354偈に対する一つの解釈を示し、さらにそれによって、いわゆる「識の三分説」という理論に疑義を呈するものである。すなわち「識の三分説」とは『成唯識論』において識の構造をディグナーガが「見分」と「相分」と「自証分」によって説く理論として説明されているものであるが[1]、しかしその典拠として引用される *Pramāṇasamuccaya* (PS) I.10 及びダルマキールティがディグナーガの見解に従って、その偈に註釈する PV III.354 を検討するかぎり、ディグナーガとダルマキールティにおいて「識の三分説」というのは成立していないと思われる。また、ディグナーガにおいて「識の三分説」が成立しないことは『成唯識論』それ自体の記述からも知られるのである。

まず梵語及びチベット語による諸註釈文献を用いて PV III.354 の意味を探った後、『成唯識論』の記述について検討したい。問題となる PS I.10[2] 及び PV III.354 を示そう。

[1] PS I.10: yadābhāsaṃ prameyaṃ tat pramāṇaphalate punaḥ |
grāhakākārasaṃvittī trayaṃ nātaḥ pṛthakkṛtam ||
〔識が〕或るもの (X) の顕現をもつとき、それ (X) が所量である。さらに、能取の形象と〔自己〕認識は、〔それぞれ〕量と〔量〕果であることである。三つは、この故に〔これ (識) とは別に作られたものではない。

[2] PV III.354: avibhāgo 'pi buddhyātmā viparyāsitadarśanaiḥ[1] |

grāhyagrāhakasaṃvittibhedavān iva lakśyate ||

[1] buddhy ātmāvi°] *em.*, cf. PVΛ, PVV, 戸崎1985, Iwata 1991; buddhyātmāvi° PV.

blo daṅ rnam par dbyer med kyaṅ || mthoṅ ba phyin ci log rnams kyis ||

blo daṅ 'dzin pa myoṅ ba dag || tha dad ldan bźin rtogs par 'gyur ||

知の本質は区別をもたないけれども、顚倒した見解をもつ人々によって、所取と能取と〔自己〕認識という区別をもつもののように見られる。

ダルマキールティはこの偈において単一な知に所取と能取と自己認識という区別があることの不合理を述べており、「顚倒した見解をもつ人々によって」、本来単一な知が、そのような区別をもつもののように見られると述べているが、このダルマキールティの意図は、PV III.357 においてさらに詳しく述べられている。

[3] PV III.357: yathānudarśanaṃ ceyaṃ meyamānaphalasthitiḥ |

kriyate avidyamānāpi grāhyagrāhakasaṃvidām ||

gzuṅ ba 'dzin pa rig pa dag || yod ma min yaṅ gźal bya daṅ ||

'jal byed 'bras bur gnas pa 'di || ji ltar rjes su snaṅ bźin byas ||

しかるに、所取と能取と〔自己〕認識を、この、所量と量と〔量〕果であると設定することは存在しないけれども、顕現しているままに作られる。

PV III.357 には二つの要点があると思われる。一つは、所取と能取と認識という三つの区別は、「顕現しているままに[3]」、つまり世俗において作られるのである。しかるに、これらの三つは同列に置くことはできないのではないか。すなわち、所取と能取は世俗的であっても自己認識も世俗であるとみることはできないのではいか、と考えるからである。すなわち『中辺分別論』*Madhyāntavibhāga*（MAnV）において、

[4] MAnV I.1ab: abhutaparikalpo ’sti dvayaṃ tatra na vidyate |.
虚妄分別は存在する。そこ〔＝虚妄分別〕において、〔所取と能取の〕二つのものは存在しない。

と言われているとおり、所取と能取は遍計所執性であるから否定されることはあっても、依他起性である虚妄分別、すなわち今の文脈では自己認識が否定されることはないと思われるからである。

もう一つは、第一の点にも関連するが、PV III.354 において “grāhya-grāhaka-saṃvitti-” という複合語に “gzuṅ daṅ ’dzin pa myoṅ ba dag” というチベット語訳が与えられていたのに対して、PV III.357 では PV III.357 とほぼ同じ “grāhya-grāhaka-saṃvid” という複合語に “gzuṅ ba ’dzin pa rig pa dag” という訳語が与えられている。

k.354: grāhya-grāhaka-saṃvitti- (gzuṅ daṅ ’dzin pa myoṅ ba dag)
k.357: grāhya-grāhaka-saṃvid　(gzuṅ ba ’dzin pa rig pa dag)

もし、所取と能取と自己認識という三つが、全く同じレヴェルの存在であると考えられているならば、k.357 のチベット語訳のように単に三者を並列すればよいのであって、k.354 のように “gzuṅ” と “’dzin” の間に “daṅ” の語を用いる必要はなかったのではないか。これは奇妙な翻訳の仕方であり、翻訳者に、所取と能取と自己認識という三つが全く同じレヴェルに置かれるべきものではないという意識があったからではないかと思われる。

なお、“dag” は複数ではなく双数を示すものではないかと考えて調べてみたが、PV のチベット語訳では複数の場合にも使われていることも非常に多い。

以上のように、k.354 と k.357 のチベット語訳から、所取と能取の二つと、自己認識の間に、その存在性に関してレヴェルの相違があることが推測されるのであるが、それは k.354 に影響されたと考えられる[4] Śāntarakṣita の『中観荘厳論』*Madhyamakālaṃkāra*（MA）17 においても示されていると思われる。

[5] MA 17: kriyākārakabhāvena na svasaṃvitth asya tu |
ekasyānaṃśarūpasya trairūpyānupapattitaḥ ||
gcig pa cha med raṅ bźin || gsum gyi raṅ bźin mi 'thad phyir ||
de yi raṅ gi rig pa ni || bya daṅ byed pa'i dṅos por min ||
しかし、これ〔＝識〕の自己認識は、行為と行為要素の区別によってあるのではない。部分をもたない性質をもつ単一なものが三つの性質をもつことは不合理であるから。

この偈では、PV III.354,357 と異なり自己認識が特別視されている。なぜなら、ここで「単一なもの」とは識を指し、「三つの性質」とは、所取と能取と自己認識を指していると考えられるが、そのうち「自己認識」は「行為と行為要素の関係によってあるのではない」と言われている。しかるに、所取と能取は「行為と行為要素の関係」によって存在するものであろう。したがって、ここで、所取と能取の二つと、自己認識とは区別されていると考えざるを得ない。しかも、このような理解の妥当性は、PV III.354 によっても確認されるのである。

さて、PV III.354 に示される「知の本質 (buddhyātman)」については、PV III.326 において次のように述べられている。

[6] PV III.326: ātmā sa tasyānubhavaḥ sa ca nānyasya kasyacit |
pratyakṣaprativedyatvam api tasya tadātmatā ||
de yi myoṅ de bdag ñid de || de yaṅ gźan 'ga' źig gi min ||

mṅon sum so so rig bya yin ǁ de yi de ni bdag ñid yin ǁ
それの本質は、かの知覚である。しかるに、それ〔=知覚〕は、〔知とは〕別のいかなるものの〔知覚でも〕ない。それ〔=知〕は、現量によって自内証されるべきものであるけれども、それ〔=知覚〕を本質とするものである。

この偈から次のことが理解される。

①知の本質 (ātman) は、知覚 (anubhava) である。

②k.354 の "saṃvitti" とk.326 の "anubhava" のチベット語訳がともに "myoṅ (ba)" であるから、チベット人には、"saṃvitti" と "anubhava" は同じものと理解されていたのであり、この理解は PV の解釈としても妥当なものと思われる。

③従って、知の本質は、自己認識 (svasaṃvitti) である。

また、この知の本質 (svabhāva) は、PV III.328 で、次のように規定されている。

[7] PV III.328: nīlādirūpas tasyāsau svabhāvo 'nubhavaś ca saḥ |
nīlādyanubhavaḥ khyātaḥ svarūpānubhavo 'pi san ǁ
de yi dṅos de sṅo sogs phyir ǁ raṅ bźin ñams su myoṅ ba'aṅ de ǁ
raṅ gi ṅo bo myoṅ gyur kyaṅ ǁ sṅo sogs myoṅ bar snaṅ ba yin ǁ
それ〔=知〕のこの自性 (svabhāva) は青等の形象をもつ。また、それ〔＝知の自性〕は知覚である。それ〔＝知覚〕は、自己の形象の知覚 (svarūpānubhava) であるけれども、青等の知覚として顕れる。

ここで、知の本質が、知覚、すなわち自己認識であり、また青等の形象をもつことが明言されている。しかるに、これらの文脈で、"ātman" "svabhāva" と "rūpa" とが、「本質」と「顕れている姿」という意味で、対比的に用いられていることを理解する必要がある。

以上、PV III.326,328,354 の考察から、「知の本質」とは、「区別をもたないもの (avibhāga) 」であり、anubhava すなわち svasaṃvitti であり、青等の形象 (rūpa) をもつことが知られる。

2　チベット註釈文献

このようなダルマキールティの見解は、PV III.354 に対する諸註釈に様々に示されていると思われるが、先ずゲンドゥンドゥプ dGe 'dun grub pa (1391-1475) の註釈[5]を取り上げよう[6]。

[8] bźi ba phyi rol med kyaṅ rnam gźag 'thad pa la gsum | snaṅ ba bźin du bden pa dgag | phyi rol med kyaṅ tshad 'bras 'thad pa'o ||
daṅ po ni | gzuṅ 'dzin rdzas tha dad med na | tha dad du snaṅ ba daṅ 'gal lo źe na | mi 'gal te | blo gcig gi bdag ñid du rnam par dbyer med kyaṅ | mthoṅ ba phyin ci log rnams kyis | gzuṅ ba daṅ 'dzin pa myoṅ ba dag | rdzas tha dad daṅ ldan pa bźin du rtogs par 'gyur ba'i phyir | dper na | dbaṅ po sṅags sogs kyis bslad pa rnams la | 'jim dum sogs rta glaṅ de'i gzugs daṅ bral ba yaṅ | rnam ba gźan rta glaṅ du snaṅ ba bźin te | de dag ma bslad pa'i mig can gyis rta glaṅ de ltar mthoṅ med pa'i phyir daṅ | dper na | thag riṅ mya ṅam gyi thaṅ na chuṅ ṅu chen por snaṅ ba bźin no || gzuṅ 'dzin rdzas tha dad med na tshad 'bras gźal gsum mi 'thad de źe na | 'thad de | gzuṅ ba 'dzin pa rig pa dag rdzas tha dad yod pa min yaṅ | gźal bya daṅ 'jal byed daṅ 'bras bur gnas pa 'di | blo la ji ltar rjes su snaṅ ba bźin byas pa'i phyir |.

第四は、[C4] 外境は存在しないけれども、設定が成り立つことに三つある。[D1] 顕現のみに置いて設定を説くこと、[D2] 顕現しているとおりに、真実であることを否定すること、[D3] 外境はないけれども、量果は成立することである。

[D1] 第一は、(反論) 所取と能取は実体の区別がないならば、異なったものとして顕現することとは矛盾するのである、というならば、(答論) 矛盾しないのである。なぜなら、知は単一な本質〔をもつものとして〕区別をもたないけれども、顛倒した見解をもつ人々によって、所取と能取と〔自己〕認識という実体の区別をもつもののように見られるからである。たとえば、感官が呪文等によって損なわれた人達において、土塊等は、馬、象それの形象を離れたものであるけれども、別の形象である馬、象として顕現するようにである。それら〔＝土塊等〕は、損なわれいない眼をもつ人によって、馬、象のそのように見られることはないからである。たとえば、遠い荒原において、小さいものが大きいものとして顕現するようにである。

(反論) 所取と能取が、実体の区別がないならば、量、〔量〕果、所量の三つは成り立たないのである、というならば、(答論) 成り立つのである。なぜなら、所取、能取、〔自己〕認識は、実体の区別があるのではないけれども、所量と量と〔量〕果として設定すること、これは、知に顕現しているままに作られるからである。

この記述は二つの点で重要である。一つは、k.354 において問題とされていたのは、所取と能取と自己認識という三者の区別であったと思われるにもかかわらず、ここでは、対論者によって、所取と能取の二者の区別が問題とされている。このことは、区別 (vibhāga, bheda) というのは、所取と能取と自己認識という三者について言われているものではなく、所取と能取の二者について言われると解釈することができるであろう。さらに、ここでゲンドゥンドゥプが、「知の本質」は「単一 (gcig)」であると註釈していることも妥当であり、重要である。

もう一つは、k.354 についてダルマキールティが比喩をもって説明する k.355[7] に対する註釈箇所において、ゲンドゥンドゥプは、「土塊等」という語によって自己認識を意味し、「馬、象」という語によって所取と能取を意味していると解釈できるであろう。すなわち、次の図に示すような解釈である。

土塊等＝自己認識＝依他起性 (ātman)
馬、象＝所取・能取＝遍計所執性 (rūpa)

この解釈の妥当性は、『大乗荘厳経論』*Mahāyānasūtrālaṃkāra* (MSA) XI.15 とその Bhāṣya (MSABh) で説かれる「幻術の比喩」によって確認されると思われる。

[9] MSABh 59,3-6:

yathā māyā tathābhūtaparikalpo nirucyate |
yathā māyākṛtaṃ tadvad dvayabhrāntir nirucyate || (MSA XI.15)

yathā māyāmantraparigṛhītaṃ[1] bhrāntinimittaṃ kāṣṭhaloṣṭādikaṃ tathābhūtaparikalpaḥ paratantrasvabhāve[2] veditavyaḥ | yathā māyākṛtaṃ tasyāṃ māyāyāṃ hastyaśvasuvarṇādyākṛtis tadabhāvena pratibhāsitā, tathā tasminn[3] abhūtaparikalpe dvayabhrāntir grāhyagrāhakatvena pratibhāsitā parikalpitasvabhāvākāratā[4] veditavyā.

[1] māyāmantra°] J; māyā yantra° MSABh
[2] paratantraḥ svabhāvo] MSABh; paratantrasvabhāve J
[3] tasminn] MSABh; *om.* J
[4] °svabhāvākārā] MSABh; °svabhāvākāratā J

幻術のように、そのように虚妄分別が語られる。幻術によって作り出されたもののように、それと同様に、〔所取と能取という〕二つのものの迷乱が語られる。(MSA XI.15)

迷乱の因である幻術の呪文にかけられた木片と土塊等のように、それと同様に、虚妄分別という依他起性が知られるべきである。その幻において、幻術によって作り出されたもの、すなわち象や馬や金等の形象が、それ〔＝所取と能取〕として顕現するように、それと同様に、その虚妄分別において、二つのものの迷乱が、所取と能取として顕現する、遍計所執性の形象をもつと知られるべきである。

ここには、幻術の呪文にかけられた土塊等が、象や馬や金等の形象として顕現しているように、虚妄分別という依他起性は所取と能取として顕現すると述べられているが、これは上の図の解釈と一致する。それ故、ダルマキールティが PV III.355 で「土塊等」の比喩によって自己認識を説明するときに、MSA XI.15 に基づいていたのは明らかで、MSA XI.15 では「土塊等」という語によって依他起性、すなわち所依 (āśraya) が意味されていたのであるから、ダルマキールティは PV III.354-355 で自己認識を知の本質だけでなく、所取と能取の所依としても捉えていたと考えられる。

’U yug pa (-1253) の註釈[8]

[10] bźi pa phyi don med kyaṅ tsad ’bras kyi mam gźag grub pa la bźi ste | tha sñad kyi tshad ’bras ji ltar snaṅ ba bźin bźag pa daṅ | ji ltar snaṅ ba bźin bden par dgag pa daṅ | de la rtsod pa spaṅ ba daṅ | skabs don rnam rig pa’i tshad ’bras bstan pa’o | daṅ po la gsum las | daṅ po dbyer med tha dad du snaṅ ba’i rgyu ni | tshad ma daṅ ’bras bu daṅ gźal bya gsum blo’i bdag ñid gcig las rnam par dbyer med kyaṅ gzuṅ ba ste gźal bya daṅ ’dzin pa ste tshad ma daṅ myoṅ ba ni ’bras bu don rtogs pa ste gsum po tha dad pa daṅ ldan pa bźin du rtogs par ’gyur ba ste ma dpyad pa’i mṅon sum gyis grub ces pa’i don to || de rgyu gaṅ las snaṅ źe na | mthoṅ bas te ma rig pas bslad pa’i blo phyin ci log rnams kyis sgro btags pa las snaṅ ṅo || des na don med kyaṅ tha sñad pa’i tshad ’bras ni ji ltar snaṅ ba bźin yin no źes pa’i don to || gñis pa med kyaṅ snaṅ ba’i dpe la gñis las | daṅ po bstan bcos las grags pa’i dpe ni | mig gi dbaṅ po sṅags la (em. : daṅ Ed.) sogs pa ste rdzas daṅ tiṅ ṅe ’dzin gyis bslad pa’i mi rnams la rgyu ma’i rdzas kyi ’jim dum daṅ gyo mo daṅ lo ma la sogs pa rnams la rdzas de dag gi

rnam pa las gźan du rta daṅ glaṅ po la sogs par snaṅ ba bźin no || gal te sa bon las myu gu ltar rdzas de dag las sṅar med kyi rta glaṅ gsar du skyes pa yin no źe na | rta glaṅ la sogs pa de'i gzugs daṅ bral ba ste med pa'aṅ de ltar snaṅ ṅo || rdzas de dag la rta glaṅ med par cis 'grub ce na | 'jim dum la sogs pa'i rdzas de dag sṅags sogs kyis ma bslad pa'i mig can gyi skyes bus rta glaṅ la sogs pa de ltar mthoṅ pa med pa'i phyir ro ||.

[4] [D4] 第四は、外境は存在しないけれども、量果の設定を成立せしめることに四つある。すなわち、[E1] 言説の量果を顕現しているままに設定することと、[E2] 顕現しているままに、真実において否定されることと、[E3] それに対する論難を排除することと、[E4] 論題の意味である、識の量果を示すことである。第一 [E1] に三つある。

[F1] 第一は、区別できないことたる、異なったものとして顕現する因は、量と〔量〕果と所量の三つを、単一なる知の本質から、区別をもたないけれども、所取たる所量と、能取たる量と、自己認識は、果たる対象理解である。すなわち三者〔＝所取、能取、自己認識〕は区別をもつもののように見られるのであって、考察されない現量によって成就する、という意味である。

その因はいかなるものから顕れるのか、というならば、見解によって、すなわち無明によって損なわれた、知が顛倒した人々は、増益に基づいて顕現するのである。従って、対象はないけれども、言説的な量果は、顕現しているままに、である、という意味である。

[F2] 第二は、存在しないけれども顕現することの比喩において、二つの内、[G1] 第一は、論書で知られている比喩は、眼根が、呪文等、すなわち実体と三昧によって損なわれた人々において、幻術の〔呪文にかけられた〕事物である土塊と、砂利と葉等の諸々のものにおいて、それらの実体の形象とは別に、馬と象等として顕現するようにである。

（反論）もし、種子から芽が〔生じる〕ように、実体は、それらより前にないけれども、馬、象は新たに生じたものなのである、というならば、（答論）馬、象等それの形象を離れたもの、すなわち存在しないものもそのように顕現するのである。
（反論）それらの実体において、馬、象は存在しないものとして、何によって成立するのか、というならば、（答論）土塊等のそれらの実体を、呪文等によって損なわれていない眼をもつ人が、その馬、象のように見ることはないからである。

ウユクパには、知の本質が単一なものであることは意識されていたが、先にゲンドゥンドゥプが明瞭に述べていたような、所取と能取の二つと、自己認識との間の存在性に関するレヴェルの相違は考えられていなかったように思われる。ウユクパは自己認識に相当する「土塊」のほかに、「砂利」や「葉」の例を出し、また「馬、象」に「等」という語を加えているからである。「馬、象」を所取と能取と捉えるならば、「等」という語がない方が、その意味はより明瞭である。

Dar ma rin chen (1364-1432) の註釈[9]

[11] gñis pa la | tshad ’bras kyi rnam gźag ji ltar snaṅ ba bźin yin pa daṅ | gzuṅ ’dzin rig gsum tha dad pa’i cha bden par grub pa dgag pa | rnam rig pa’i tshad ’bras ’thad par bstan pa’o || daṅ po ni | sṅo ’dzin gyi blo raṅ gi bdag ñid la | gzuṅ ’dzin rig gsum rdzas tha dad par rnam par dbye med kyaṅ gzuṅ bya daṅ | ’dzin pa daṅ | myoṅ ba rig pa dag rdzas tha dad pa daṅ ldan pa bźin du | ’khrul pas rtogs par ’gyur ba’i rgyu mtshan yod de | mthoṅ ba phyin ci log rnams kyis de ltar źen pa’i phyir | dper na | dbaṅ po sṅags sogs kyis bslad pa rnams la ’jim dum sogs | rta daṅ glaṅ po de yi gzugs daṅ bral ba yaṅ rnam pa gźan du rta glaṅ du snaṅ ba bźin no || blo bslad pa’i dbaṅ gis de ltar snaṅba ma yin no źe na | ’jim dum de dag raṅ gi ṅos nas rta glaṅ du grub pa ma yin par thal | de lta na ma bslad pa’i mig can gyis de ltar mthoṅ dgos pa las de ltar mthoṅ ba med pa’i

phyir | dper na | thag riṅ po mya ṅan gyi phyogs na chuṅ ṅu yaṅ chen por snaṅ ba bźin no || sṅa ma bstan bcos daṅ | phyi ma 'jig rten na grags pa'i dpe'o || gzuṅ ba daṅ | 'dzin pa daṅ | rig pa dag tha dad pa'i cha 'di don dam par yod pa ma yin yaṅ | tshad mas gnod pa med de | blo rdzas gcig la gźal bya daṅ | 'jal byed daṅ | 'bras bur gnas pa'i cha tha dad pa'i cha 'di | ji ltar 'khrul pa la rjes su snaṅ ba bźin du byas pa'i phyir |.

[F2] 第二に、[G1] 量果の設定は、顕現しているままのものであること、[G2] 異なった部分である、所取、能取、〔自己〕認識の三つが、真実として成立していることを否定すること、[G3] 識の量果は成り立つと示すことである。

[G1] 第一は、青を把握する知は、自己の本質において、所取、能取、〔自己〕認識の三つという、実体が異なったものとして区別をもたないけれども、所取と能取と〔自己〕認識という〔自己〕認識は、実体の区別をもつもののように迷乱によって見られるものとなる理由がある。なぜなら、顛倒した見解をもつ人々によって、そのように〔=実体の区別をもつもののように〕執着されるからである。たとえば、感官が呪文等によって損なわれた人々において、土塊等は、馬と象、それの形象を離れたものであるけれども、別の形象として、〔すなわち〕馬、象として顕現するようにである。

（反論）知が損なわれたことの力によって、そのように〔=馬、象のように〕顕現するのではないのである、というならば、

（答論）それらの土塊は、自己の側から、馬、象として成立していないことになるであろう。そのようであるならば、損なわれていない眼をもつ人によって、必ずそのように見られるはずだけれども、そのように見ることはないからである。たとえば、遠くのものは、荒原の方角において、小さいものであるけれども、大きいものとして顕現するように、である。前者は論書、後者は世間において知られている比喩である。

> 所取と能取と〔自己〕認識が異なっている、この部分は、勝義として存在するものではないけれども、量による無効化はないのである。なぜなら、単一なる実体である知において、所量と量と〔量〕果と設定する異なった部分である、この部分は、迷乱において顕現しているままに作られるからである。

ここでは、所取と能取の二つと、自己認識の間に存在性に関するレヴェルの相違は考えられていないようであるが、PV III.357 の註釈箇所において、「知の本質」ではなく、知が「単一なる実体」と言われていることに注意を要する。知と、知の本質とは厳密には異なるからである。

mKhas grub rje dGe legs dpal bzaṅ po (1385-1438) の註釈[10]

> [12] don dam par raṅ rig gi tshad 'bras bźag tu med kyaṅ | gzuṅ 'dzin rig gsum tha dad du snaṅ ba'i 'khrul ṅo daṅ mthun pa kun rdzob tu 'jog par bstan | don dam par raṅ rig gi tshad 'bras bźag tu med pa'i rgyu mtshan bśad | gzuṅ 'dzin rig gsum tha dad du 'khrul ba mi rigs pa'i rtsod pa spaṅ | kun rdzob tu raṅ rig gi tshad 'bras ji ltar 'jog pa'i tshul daṅ bźi | daṅ po ni | sṅon po 'dzin pa'i blo dbaṅ śes raṅ gi bdag ñid la gzuṅ 'dzin rig gsum rdzas tha dad pa rnam par dbyer med kyaṅ gñis snaṅ 'khrul ba'i bag chags kyis bslad pa'i mthoṅ ba phyin ci log rnams kyis gzuṅ ba daṅ 'dzin pa'i rnam pa daṅ | myoṅ ba raṅ rig pa dag tha dad pa daṅ ldan pa bźin du rtogs par 'gyur te | dper na | mig gi dbaṅ po sgyu ma'i sṅags sogs kyis bslad pa rnams la 'jim dum sogs rta glaṅ de'i gzugs daṅ bral ba yaṅ 'jim dum las rnam pa gźan rta glaṅ du snaṅ ba bźin no ||.
>
> [F1] 勝義として、自己認識の量果を設定することはできないけれども、所取、能取、〔自己〕認識という三つが異なったものとして顕現する迷乱の観点と一致するものが、世俗において設定されると示すこと〔中略〕。[F1] 第一は、青を把握する知である、感官知自身の本質に

おいて、所取、能取、〔自己〕認識の三つは、実体が異なったものとして区別をもたないけれども、二の〔＝所取と能取〕の顕現という迷乱の習気によって損なわれた、顚倒した見解をもつ人々によって、所取と能取の形象と、認識たる自己認識は区別をもつもののように見られるのである。たとえば、眼根が幻術の呪文等によって損なわれた人々において、土塊等は、馬、象、それの形象を離れたものであるけれども、土塊とは別の形象である馬、象として顕現するようなものである。

ケードゥプが下線部のように述べているように、所取と能取の二つと、自己認識は区別されていたと考えられ、また、「土塊等」と「馬、象」の意味するところも、「馬、象」に「等」という語がないことによって明瞭になっていると思われる。

Go rams pa (1429-1489) の註釈[11]

[13] [I1] daṅ po ni | kun btus su | gaṅ tshe snaṅ ba de gźal bya || tshad ma daṅ ni de yi 'bras || 'dzin rnam rig pa'o de yi phyir || de gsum tha dad du ma byas[1] || źes pa'i don 'chad pa ste | phyi rol gyi don med na tshad 'bras gźal gsum gyi rnam gźag ji ltar ruṅ źe na | don snaṅ gyi blo chos can | don la tshad 'bras gźal gsum tha dad du med de | khyod kyi bdag ñid gcig la gzuṅ 'dzin rig gsum rnam par dbyer med kyaṅ | ma rig pas 'khrul pa'i mthoṅ ba phyin ci log gi skyes bu rnam kyis khyod la gzuṅ ba'i rnam pa daṅ | 'dzin pa'i rnam pa daṅ | myoṅ ba 'bras bu dag tha dad pa daṅ ldan pa bźin tu rtog par 'gyur pa'i phyir te | dper na dbaṅ po sṅags daṅ sman sogs kyis bslad pa rnams la 'jim dum daṅ rde'u sogs rta glaṅ sogs de yi gzugs daṅ bral ba yaṅ 'jim dum sogs las rnam pa gźan rta glaṅ sogs su snaṅ ba bźin no || gal te rta glaṅ ñid du sṅags sogs las gsar du skyes pa yin no źe na | 'jim dum sogs de dag chos can | rta glaṅ sogs su skyes

pa min te | sṅags sogs kyis ma bslad pa'i mig can gyis rta glaṅ sogs de ltar mthoṅ ba med pa'i phyir ro || dper na thag riṅ po mya ṅam gyi thaṅ rgya che ba daṅ khod sñoms pa na rdzas chuṅ ṅu yaṅ chen por snaṅ ba na chuṅ ṅu chen por skyes pa min pa bźin no || gñis pa ni | don snaṅ gi blo gcig chos can | khyod la tha sñad du tshad 'bras gźal gsum 'jog pa mi 'gal te | khyod la gzuṅ ba'i rnam pa daṅ | 'dzin pa'i rnam pa daṅ | raṅ rig pa'i rnam pa dag don la tha dad du yod pa min yaṅ | de gsum la rim pa ltar gźal bya daṅ | 'jal byed de tshad ma daṅ | 'bras bur gnas pa'i rnam gźag byas pa 'di śes pa 'khrul pa la ji ltar rjes su snaṅ ba bźin du byas pa tsam yin gyi bden pa'i rnam gźag min pa'i phyir ro ||

[1] gaṅ tshe . . . ma byas. = PS I.10.

第一は、[Pramāṇa]samuccaya において「〔識が〕或るもの (X) の顕現をもつとき、それ (X) が所量である。さらに、能取の形象と〔自己〕認識は、〔それぞれ〕量と〔量〕果であることである。三つは、この故に〔これ（識）とは別に作られたものではない。」という意味は成り立つのである。すなわち、外境がないならば、量、〔量〕果、所量の三つの設定は、いかにして可能であるのか、というならば、対象として顕現する知が主語である。〔対象として顕現する知は〕実際には、量、〔量〕果、所量という三つの異なったものとして存在しないのである。なぜなら、それ〔＝対象として顕現する知〕の単一なる本質において、所取、能取、〔自己〕認識の三つの区別をもたないけれども、無明によって迷乱している、顛倒した見解をもつ人々によって、それ〔＝対象として顕現する知〕に、所取の形象と能取の形象と認識結果が区別をもつもののように見られるからである。

たとえば、感官が、呪文と薬草等によって損なわれている人々において、土塊と石等は、馬、象等それの形象を離れたものであるけれども、土塊等とは別の形象である、馬、象等として顕現するようにである。

（反論）もし、馬、象そのものとして、呪文等から、新しく生じたものである、というならば、（答論）それらの土塊等が、主語である。〔それらの土塊等は〕馬、象等として生じたものではないのである。なぜなら、呪文等によって損なわれていない眼をもつ者は、馬、象等をそのように見ることはないからである。たとえば、遠くのものが、荒原の広大な平地と表面において、実体は小さいけれども、大きいものとして顕現するならば、生じたものではないように、である。

[I2]第二は、対象として顕現する、単一な知が主語である。それ〔＝対象として顕現する、単一な知〕に、言説において、量、〔量〕果、所量の三つを設定することは矛盾ではないのである。なぜなら、それ〔＝対象として顕現する、単一な知〕において、所取の形象と、能取の形象と、自己認識の形象は、実際には、異なっているものとして、存在しないけれども、その三つ〔＝量、量果、所量〕において、次第のように、所量と、量者すなわち量と、〔量〕果として存在する、という設定を作ったこと、これは、迷乱した知において、顕現しているままに作られることのみであって、真実なる設定ではないからである。

コラムパは、所取と能取と自己認識の三つは、存在性に関して同じレヴェルにあるものと考えていたように思われるが、k.354 と k.357 の註釈箇所において、前者では「単一なる、知の本質」と、後者では「単一な知」と述べられていることに注意を要すると思われる。この両者は、厳密には異なるものだからであるが、タルマリンチェンも、k.357 の註釈において知を「単一な実体」と述べていることも含めて、問題となる記述と思われる。

Śākya mchog ldan (1428-1507) の註釈[12]

[14] blo ’khrul pa la gzuṅ ’dzin rig gsum tha dad du snaṅ ba’i tshul | snaṅ ba de la tshad ’bras gźal gsum du ’jog pa’i tshul lo || daṅ po ni | blo gcig gi bdag ñid

du rnam pa dbyer med kyaṅ gzuṅ ba daṅ 'dzin pa daṅ myoṅ ba raṅ rig pa gsum po dag rdzas tha dad pa daṅ ldan pa bźin rtogs par 'gyur te | dper na dbaṅ po sṅags sogs kyis bslad pa rnams la 'jim dum sogs rta glaṅ de'i gzugs daṅ bral ba yaṅ rnam pa gźan du snaṅ ba bźin no || dpe sgrub pa ni | 'jim dum sogs de dag ma bslad pa'i mig can gyis sṅa ma de ltar du mthoṅ ba med pa'i phyir ro || dper na thag riṅ po'i mya ṅam na rdzas chuṅ ṅu yaṅ chen por snaṅ ba bźin no || gñis pa ni | phyi rol gyi don khas mi lan kyaṅ tshad 'bras gźal gsum gyi rnam par bźag pa bśad du yod de | gzuṅ ba daṅ 'dzin pa rig pa gsum po dag rdzas tha dad du yod pa ma yin kyaṅ | gzuṅ rnam gźal bya daṅ 'dzin rnam 'jal byed daṅ raṅ rig 'bras bur gnas pa 'di gsum po blo 'khrul ba la tha dad du ji ltar rjes su snaṅ ba bźin du byas pa'i phyir ro || 'di ni rnam bden pa'i lugs te | rnam rdzun pas ni gzuṅ rnam raṅ rig gis myoṅ byar mi 'dod pas so ||

[H1] 知が迷乱しているものおいて、所取、能取、〔自己〕認識の三つは異なっているものとして顕現するというあり方、[H2] 顕現は、そこにおいて量、〔量〕果、所量の三つと設定するあり方である。

[H1] 第一は、知は、単一なる本質〔をもつもの〕として、区別をもたないけれども、所取と能取と認識〔たる〕自己認識の三者は、実体の区別をもつもののように見られる。たとえば、感官が呪文等によって損なわれた人々において、土塊等は、馬、象それの形象を離れたものであるけれども、別の形象として顕現するようにである。比喩を証明することは〔次のとおりである〕。それらの土塊等を、損なわれていない眼をもつ者は、その前者のように、見ることはないからである。たとえば、遠い荒原において実体は小さいけれども、大きいものとして顕現するようにである。

[H2] 第二は、外境は承認されないけれども、量、〔量〕果、所量の三つの設定を説明するはずである。なぜなら、所取と能取と認識の三者は実体が異なっているものとして在るのではないけれども、所取の形象たる所量と、能取の形象たる量者と、自己認識という〔量〕果であ

ると設定するこの三者は、知が迷乱したものにおいて、異なったものとして、顕現しているままに作られるからである。これは形象真実派の学説である。なぜなら、形象虚偽派は、所取の形象を自己認識によって知覚されるべきものと認めないからである。

ここで、シャーキャチョクデンは、知の本質を単一なものと見なしているが、所取と能取の二つと、自己認識との間の存在性に関するレヴェルの相違は意識していないように思われる。所取と能取と自己認識、あるいは所量と量と量果は三者 (gsum po) のように捉えられているからである。

なお、シャーキャチョクデンが、k.357 は形象真実派の学説であり、なぜなら、形象虚偽派は、所取の形象を自己認識されるべきものとして承認しないからと述べていることは、PV III.354 に対するチベットの註釈文献の中で、シャーキャチョクデンによって初めて述べられた点で注目に値すると思われる。

3　インド註釈文献

さて、これまでチベットの註釈文献を見てきたが、そこで指摘した問題点は、インドでどのように註釈されているであろうか。先ず、Devendrabuddhi の *Pramāṇavārttikapañjikā* (PVP) から検討しよう。

[15] PVP D che 226a2-3: gaṅ gi tshe phyi rol gyi don ni gźal bya ñid yin pa de'i źes bya ba la sogs pa yoṅs su rdzogs par byas nas snaṅ ba can gaṅ de gźal bya źes bya ba la sogs pa'i skabs daṅ sbyor bar byed pa de yaṅ de'i (P : de'i yaṅ D) blo'i bdag ñid ces bya ba la sogs pas 'chad par byed do ‖ phyi rol gyi gon med pa la tshad ma la sogs ji ltar rnam par bźag pa yin źes 'dri ba la | bźad pa la (D : om. P) yaṅ don dam pa'i rnam par gźag pa ni yod pa ma yin no ‖ 'o na

ci yin źe na | ji ltar snaṅ ba bźin du'o | de'i phyir 'di la gzuṅ ba daṅ 'dzin pa'i cha yod pa ma yin te | blo'i bdag ñid du gcig pa ñid kyi phyir ro || 'oṅ kyaṅ 'di ltar blo'i bdag ñid cha med par phyin ci log tu mthoṅ ba yis | ma rig pas (P : pa'i D) 'khrul pa'i skyes bu dag gis | gzuṅ ba'am 'dzin pa'i myoṅ ba da | tha dad pa rnams kyis (P : kyi D) tha dad pa bźin du mtshon par 'gyur gyi don dam par de lta bur gyur pa yaṅ ma yin no ||.

「ある場合、外境が所量そのものである」[PSV ad k.9] ということ等を完了してから、「〔識が〕或るもの (X) の顕現をもつ時、それ (X) が所量である。」[PSV ad k.10] 等のところと結合せしめること、それも、それの知の本質は、ということ等によって説明するのである。「外境がない時、量等はどのように設定されるのか」と問われたことに対する、この説明においても勝義の設定が存在するのではないのである。

（反論）しからば、何であるのか、というならば、

（答論）顕現しているままに、である。それ故に、これ〔＝知〕において、所取と能取の部分[13]が存在するのではないのである。なぜなら、知の本質は単一だからである。

しかい、このように部分をもたない知の本質は、顛倒した見解をもつ人々によって、〔すなわち〕無明によって迷乱しているいる人々によって、所取と能取と認識という諸々の区別をもつものとして、〔すなわち〕区別をもつものとして見られることになるが、勝義として、〔知の本質が〕そのようなもの〔＝区別をもつもの〕になるのでもないのである[14]。

ここで、デーヴェーンドラブッディが、知に、所取と能取の部分は存在せず、知の本質は単一であると述べていることは k.354 のダルマキールティの意図と完全に合致すると思われる。また、k.354c のチベット語訳が、PV では "gzuṅ daṅ 'dzin pa myoṅ ba dag"に対して、PVP では、"gzuṅ ba'aṅ 'dzin pa'i myoṅ ba dag"「所取、あるいは能取の〔二つの〕認識となっているが、

これは先に述べたように翻訳者に、所取と能取と自己認識という三つのものが全く同じレヴェルに置かれるべきではないという意識があったことを示すものと言えるであろう。このような意識はさらに Ravigupta の *Pramāṇavārttikaṭīkā* (PVṬ(R))においても見出すことができると思われる。

[16] PVṬ(R) D 129b4-130a2: blo yi bdag ñid cha med kyaṅ || phyin ci log tu mthoṅ ba yis || gzuṅ daṅ 'dzin par rig pa dag || tha dad bźin du mtshon par 'gyur || (PV III.354) ji ltar sṅags sogs kyis dkrugs pas || dbaṅ po rnams la 'jim dum sogs || de yis gzugs daṅ bral ba yaṅ || rnam pa gźan du snaṅ bar (D : ba P) 'gyur || (PV III.355) źes bya ba smos te | gzuṅ ba daṅ 'dzin par źen pa ni yod pa ma yin te | źen pa ñid raṅ rig pa'i ṅo bo ñid yin pa'i phyir ro || tha sñad btags pa yaṅ śes pa ñid de | śes pa de'i (D : de yis P) ṅo bo dpyis phyin pa yin no źes bstan to || || tshad ma rnam 'grel gyi 'grel ba || bam po bco lṅa pa || de'i phyir blo'i bdag ñid gzuṅ ba daṅ 'dzin pa'i cha daṅ bral pa yin yaṅ gaṅ dag phyin ci log tu mthoṅ ba'i skye bo de dag gis gzuṅ ba daṅ 'dzin pa daṅ myoṅ ba de dag tha dad pa bźin du snaṅ ba'i phyir | de ñid du śes par (D : pa P) 'gyur te | śes pa la snaṅ ba can gyi sṅon po la yod par sgro btags pa de'i (D : de P) gzuṅ ba ñid du sems pa yin gyi | mthoṅ ba ni gdon mi za bar dṅos po med pa (D : par P) yin pa de bas na de'i don du skye bo rnams sems pa yin pas mthoṅ ba daṅ mthun pa'i sṅon po ci'i phyir tshad ma ma yin źes de ltar dpyad par bya ba ni ma yin no ||.

「知の本質は区別をもたないけれども、顛倒した見解をもつ人々によって、所取と能取と〔自己〕認識という区別をもつもののように見られる。」(PV III.354)

「たとえば呪文等によって感官が惑乱された者たちに、土塊等が別様に（＝象等のように）顕現するように。（泥塊等は）その形象（＝象等の形象）をもたないのに。」[15] (PV III.355)

と言われるのである。すなわち、①…所取と能取という執着が存在するのではないのである。なぜなら、ほかならぬ執着は、自己認識を自性とするからである…①。言説を仮設することも、知にほかならないのであって、その知の本質は究極的なものである。Pramāṇavārttikaṭīkā 第15節。②…それ故に、知の本質は、所取と能取の部分を離れたものである…②けれども、誰であれ、顚倒した見解をもつ人々、彼らによって、それらの所取と能取と認識は、区別をもつもののように、顕現するからである。ほかならぬそれであると知られることになるのである。すなわち、知において、顕現をもつ、青について、存在すると増益すること、すなわち、ほかならぬ所取と考えるのであるが、見ることは、必ず事物が存在しないものとして、である。したがって、それの対象において、人々は考えるので、見ることと一致する青が、一体どうして量でないのか、とそのように考察されるべきではないのである。

まず、このラヴィグプタの註釈に引用される k.354 の訳を考察しよう。PV のチベット語訳では、“avibhāga” は “rnam par dbyer med” となっているが、この記述 [16] では、“cha med” 「部分は存在しない」と訳されている。vibhāga の訳としては rnam par dbye ba が一般的であるようであるが、“cha med” という訳を見る限り、この翻訳者は、ダルマキールティによって単一なものであると規定されていた「知の本質」を正しく理解し、翻訳していたともいえるであろう。さらにデーヴェーンドラブッディの場合と同様に、この翻訳者に、所取と能取と自己認識という三つのものが、まったく同じレヴェルに置かれるべきではないという意識があったことを示すと思われる。

また、記述 [16] では、k.354c: “grāhyagrāhakasaṃvitti°” が、“gzuṅ daṅ ’dzin par rig pa dag” と訳されており、直訳すれば、「所取と能取についての（二つの）認識」となるであろうが、この訳からも、所取と能取の二つと、自己認識の間に、存在性に関してレヴェルの相違があることが知られるであろう。このような相違は、さらに、①及び②の記述にもよく表されていると思われる。

次に、Manorathanandin の *Pramāṇavārttikavṛtti* (PVV) を検討しよう。

[17] PVV 225,12-23: kathaṃ tarhi asaty arthe grāhyagrāhakaphalabheda ity āha . . . paramārthato ’vibhāgo bhedarahito ’pi buddhyātmā[1] dvayavāsanayā viparyāsitaṃ vibhāgenopadarśitaṃ darśanaṃ yeṣāṃ tair atattvadarśipuruṣair grāhyagrāhakasaṃvittīnāṃ parasparaṃ bhedas tadvān iva lakṣyate ‖ atra dṣṭāntam āha . . . yathā mṛcchakalādayo mantrādibhir [2]upaplutaṃ yathārthajñānahetukṛtam akṣaṃ yeṣāṃ teṣāṃ anyathā suvarṇāditvenaiva avabhāsante | tena suvarṇādinā rūpeṇa rahitāpi vastutaḥ ‖.

[1] buddhyātmā] *em*., cf. PVA, 戸崎1985, Iwata 1991; buddhyātmā PV, PVV.

[2] upaplutaṃ yathārtha°] *conj*.; upaplutayathārtha° PVV

しからば、いかにして対象がない時、所取と能取と結果の区別があるのか、というならば、〔ダルマキールティは〕言った。勝義として、知の本質は、区別をもたない、〔すなわち〕区別を欠いたものであるけれども、ある人々にとって、〔所取と能取という〕二つの熏習によって顚倒した、区別によって示された見解があるとき、その人々〔すなわち〕実義を見ない人々によって、所取と能取と認識という相互の区別、それをもつもののように見られる。ここで、比喩を言った。いかなる人にとってであれ、呪文等によって、対象の知の原因どおりに作られた、感官が惑乱された時、その人々にとって、土塊等は、別様に、ほかならぬ金等として、顕現する。その金等の形象をもたないものであるけれども、〔土塊等は〕実在として存在する。

ここでは、「実在として」という記述が重要であろう。つまり、「土塊等」という語によって意味されるのは自己認識であり、「金等」という語によって意味されているのは、所取と能取であると考えられるからである。その自己認識が「実在として (vastutas) 」存在すると言われているのは、所取と能取の二つと、自己認識が同じレヴェルにあるものとは考えられていなかったことを示すであろう。

4　『成唯識論』における識の三分説

前節まで、PV III.354 とそれの註釈を考察したが、ここで、所謂「識の三分説」について検討したい。「識の三分説」とは、見分と相分と自証分によって、識のあり方を説明するものであるが、本論の冒頭で述べたように、『成唯識論』に引用される PS I.10 がその典拠とされており、次のように説かれている。

[18]『成唯識論』巻二 T31.1585: 10b5-16: 達無離識所縁境者。則説相分是所縁、見分名行相。相見所依自體名事。即自證分。此若無者應不自憶心心所法。如不曾更境必不能憶故。心與心所同所依根。所縁相似。行相各別。了別領納等作用各異故。事雖數等而相各異。識受等體有差別故。然心心所一一生時、以理推徴各有三分。所量能量量果別故。相見必有所依體故。如集量論伽他中説、似境相所量　能取相自證　即能量及果　此三體無別。
識から離れた認識対象は存在しないと理解する人は説いている。すなわち、所取とは認識対象と説かれる。能取の部分が形象と呼ばれるのである。所取と能取の所依の自体が事と呼ばれる。すなわち自己認識の部分である。もしこれ〔＝自己認識の部分〕がないならば、自ら心心所法を想起することはできない。かつて経験されていない対象を想起することはできないようなものだからである。心と心所の所依の性質は同じである。認識対象は相似しており、形象は個々別々である。認識し知覚すること等の作用が、それぞれ異なっているからである。事の数は等しいけれども、行相はそれぞれ別異である。識や受等の体

[16]は区別をもつからである。しかも、心と心所がそれぞれ生じる時、正理によって推理するならば、〔心と心所は〕それぞれ三つの部分をもつ。所量と、量と量果は別であるから、所取と能取は、必ず〔それらの二つの〕所依を本質として有するからである。*Pramāṇasamuccaya* の偈に説かれているとおりである。「〔識が〕或るもの (X) の顕現をもつとき、それ (X) が所量である。さらに、能取の形象と〔自己〕認識は、〔それぞれ〕量と〔量〕果であることである。三つは、この故に〔これ（識）とは別に作られたものではない。」(PS I.10)

下線部の記述には、正に先に図で示した認識の構造が示されていると思われる。すなわち、この記述 [18] で「自証分」が「相分」と「見分」に対して「所依」であり、「体」であると言われているのである。

しかるに、すでに明らかなように「自証」とは、知の本質であって、その本質は部分をもたない単一なものであるから、ここで、「自証」に「分」という語が付されているのは明らかに問題であると思われる[17]。

またこのような問題は、「三の分有り」という記述にも見られると思われるが、正にこの記述があるために、「識の三分説」というインド仏教文献に明確な根拠のない説が学界において未だに用いられている。例えば、戸崎博士は、次のように述べておられる。

詳しく言えば、陳那は所取分・能取分・自証分の三分をみとめる。いわゆる三分説である。法称も陳那に従っていると思われる。(戸崎1985: 15)

しかし、以上の考察からこのような説明には不適切な面があると思われる。

また、『成唯識論』の記述 [18] を読むならば、「相分」「見分」という語の他に「自証分」という語が用いられているとはいえ、「相分」と「見分」と「自証分」が、決して同じレヴェルに置かれているものではないことが理解される。それは記述 [18] 下線部の記述にも明確に示されていると思われる。すなわち、「相分」「見分」の二つに対して、「自証分」が所依とされていることは、「所取」「能取」は遍計所執性であり、「自己認識」は依他起性であるという『中辺分別論』にみられた三性説の基本的な構造から逸脱していないと考えられるのである。

5　結論

本節の考察を次のようにまとめておきたい。

１．PV III.354 で述べられる「所取」「能取」の二つと、「自己認識」との間には、その存在性に関して、レヴェルの相違がある。すなわち、「自己認識」は知の本質 (ātman) であり単一なもの (avibhāga) であるのに対し、「所取」「能取」はそのようなものではないとされている。
２．それ故、「自己認識」は決して「分 (bhāga, aṃśa)」たり得ないので、「識の三分説」というのは、ディグナーガにおいても、ダルマキールティにおいても成り立たないと思われる。

第２節　ウダヤナの唯識説批判

1　はじめに

本節は、ニヤーヤ学派の思想家ウダヤナ Udayana（11世紀頃[18]）の著作 *Ātmatattvaviveka* (ĀTV) の和訳研究である。ĀTVは “Bauddhādhikāra”（仏教徒を主題とするもの）とも、あるいは “Bauddhadhikkāra”（仏教徒への非難）とも呼ばれるように、仏教に対する批判書であるが[19]、そこで、とりわけジュニャーナシュリーミトラやラトナキールティの唯識説が批判されていることは先行研究によって明らかにされている[20]。

彼らの認識論的立場は有形象唯識説と呼ばれる。それは、この世界は識（vijñāna）だけであり、その識は自己認識（svasaṃvitti）であり、しかも形象を有し、構想された所取と能取の関係を離れていると説明し得るであろう。この有形象唯識説は、外界に実体を認めないのであるから、ニヤーヤ学派で主張されるアートマン（ātman）は当然否定される。ニヤーヤ学派では、アートマンは実在であり、しかも知と異なる実体であるが、その知は、アートマンの属性であると説く[21]。識以外に、いかなる実体をも認めない唯識説は、したがって、ウダヤナにとっては決して承認し得ないものであるから、彼は、唯識説の理論的メカニズムである自己認識説を否定したのである。それ故、ĀTVにおけるウダヤナの目的は、このような理論を否定し、自らの思想を確立することであった。

ウダヤナの仏教批判について、シチェルバツスキーが「認識行為と認識内容の同一性に関する仏教学説について」というタイトルの下に、それに関する *Nyāyavārttikatātparyapariśuddhi* の議論を英訳し、そこに、ミーマーンサー学派、唯識派、経量部、毘婆沙師の諸説が、ウダヤナによって述べられていることを紹介している[22]。

しかるに、ĀTV 冒頭においてウダヤナは仏教徒による批判を［I］利那滅、［II］外境滅、［III］属性と基体の区別の否定、［IV］非認識という四つの主題に分けている[23]。本論の目的は、それらのうち、唯識説が批判されている［II］「外境滅」章（$\bar{A}TV_{BI}$ 429-709）を考察の範囲として、ウダヤナの仏教批判を明らかにすることである。

「外境滅」章に関する先行研究を確認しておこう。「外境滅」章を含む、ĀTV 全体に関しては、英語による$\bar{A}TV_{D}$とヒンディー語による$\bar{A}TV_{T}$の翻訳があり、また、V. Varadachari によるサマリー（Potter 1977: 526-557）がある。「外境滅」章について言えば、部分的に、岩田孝博士による独訳（Iwata 1991a, 1991b）と Chakrabarti 1999 による英訳があり、考察されている。また、北原 1997 は、有形象唯識説の理論的特徴である多様不二論をウダヤナがいかに批判したかという観点から「外境滅」章の議論の概略を述べたものであり、その議論の理解に有益である。しかしながら、「外境滅」章に関する研究は、いくつかの翻訳が得られるとは言え、[Ｉ]「刹那滅」章に関する研究に比べれば、充分になされているとは言い難いのが現状であるように思われる[24]。

メインのテクストとして $\bar{A}TV_{BI}$ を採用する。特に断りがないかぎりĀTVの頁数は $\bar{A}TV_{BI}$ のものである。

２　識論者の反論とウダヤナの答論

ウダヤナは「外境滅」章の著述を、仏教徒、すなわち識論者からの次のような反論で始めている。

[1] ĀTV 429,3-4: vijñānavādini jāgarūke bāhyam eva nāsti kuta ātmeti cet |.
（識論者）識論者（vijñānavādin）が目覚めて（jāgarūka）、「ほかならぬ外〔境〕（bāhya）は存在しない。アートマン（ātman）が一体どうして存在しようか」と言うならば、

このような識論者の反論に対して、ウダヤナは三つの選択肢を立て、識論者にそれを説明するように求めている。

[2] ĀTV 429,4-7: sa tāvad idaṃ pṛṣṭo vyācaṣṭāṃ kiṃ te grāhyagrāhakabhāgayoḥ paramārthasator evābhedo vivakṣita utāho ’bhinnajātīyatvam atha grāhyāṃśasyālīkatvam iti |.
（ウダヤナ）その者〔＝識論者〕は尋ねられたならば、まず、(1) あなた〔＝識論者〕によって、まさに勝義有（paramārtha-sat）である、所取と能取の部分（grāhyagrahākabhāga）の無区別性（abheda）が、意図されたのか。(2) あるいはまた、〔その所取と能取の部分が〕無区別

なものに属するものであること（abhinna-jātīyatva）が〔意図されたのか〕。（3）それとも、所取の部分（grāhyāṃśa）が虚偽なものであること（alīkatva）が〔意図されたのか〕という、これを説明せよ。

（1）においてウダヤナは、識論者は勝義として所取と能取の部分の無区別性を認めるのかどうか、と問うている。この問いに対しては、後に述べるように、三つの証因がウダヤナによって検討され批判されている。（2）もまた、所取と能取の無区別性に関する議論と思われる。記述が簡潔なため、この記述だけからウダヤナの意図を理解することは困難であるが、これに対しては後に検討するであろう。（3）では、所取の部分の虚偽性が問題とされている[25]。

さらに、（1）に対して、ウダヤナは三つの証因を挙げる。

[3] ĀTV 431,1-3: tatra prathame sādhye yaḥ kaścid dhetur upādīyate sahopalambhaniyamo vā grāhyatvaṃ vā prakāśamānatvaṃ vā sa vyaktam ābhāsaḥ |.
その第一の証明されるべき〔属性〕〔＝grāhyagrāhakabhāgayoḥ paramārthasator evābhedaḥ〕において、（1.1）同時知覚の必然性（sahopalambhaniyama）であれ、（1.2）所取性（grāhyatva）であれ、（1.3）顕現しつつあること（prakāśamānatva）であれ、何であれ、或る証因が取られるとき、それは明らかに誤った〔証因〕（ābhāsa）である[26]。

このうち（1.1）は、所取と能取は必ず共に知覚されることを意味するが、周知のように、これは Dharmakīrti が *Pramāṇaviniścaya* I で提示した唯識性の証因である[27]。（1.2）は、青等の所取が、知から異なっていないこと、（1.3）は、「顕現しつつあること」、すなわち知は、所取から異なっていないこと、という証因である。ウダヤナはこれらの三つの証因すべてを誤った証因、すなわち、「似因」として否定するのであるが、先ず（1.1）を検討している。

[4] ĀTV 433,7-9: tathā hi nīladhavalādiparasparaviruddhākāranikarāvagāhi vijñānam[1] anubhūyate tad idaṃ tasya svavadhāya kṛtyotthāpanam |.

[1] °āvagāhi vijñānam] *em.*; °āvagāhivijñānam ĀTV$_{Ch}$, ĀTV$_{D}$

なぜなら、青や白等の相互に矛盾した形象群を認識する（nīla-dhavala-ādiparaspara-viruddha-ākāra-nikara-avagāhin）識（vijñāna）が、経験されるからである。したがって、それ〔＝相互に矛盾した多数の形象を認識すること〕は、それ〔＝識／識論者〕にとって、自己の損害（svavadha）のために、果を生み出すこと（kṛtyā-utthāpana）なのである。

ここでウダヤナは、識は、相互に矛盾した形象群を認識するものとして、経験されるが、その形象群を認識することは、自己自身を破砕することであると述べている。何故なら、記述 [2] の（1）において見たように、識論者においては、所取と能取は無区別なものであるから、その無区別なもの、すなわち無区別な知が多様な形象を認識すれば、その知は破砕されることになるからである。この事情をウダヤナは次のように説明し、批判している。

[5] ĀTV 434,4-6: yadi hi mithaḥ pratyanīkadharmān ullikhet katham ekaṃ sat tadātmakaṃ bhavet | na ced ullikhet kathaṃ tadākāraṃ nāma | svasaṃvedana-syānullikhitarūpābhāvāt |.

[5a] 実に、もし〔識が〕相互に（mithas）対立する〔青や白等の形象という〕諸属性（pratyanīka-dharma）を現すであろうなら、存在しつつある一つのもの（eka）が、それ〔＝相互に対立する諸属性〕を本質とするもの（tadātmaka）と、一体どうしてなるであろうか。[5b]〔もし識が一緒に対立する諸属性を〕現さないというならば、〔識が〕それ〔＝

青や白等の矛盾する属性〕を形象としてもつ（tadākāra）、ということが、一体どうしてあろうか。自己認識が、現された形象をもたないことはないからである（svasaṃvedanasya anullikhitarūpābhāvāt）。

これは次のような意味であろう。もし、識が、多様な形象を現わすならば、「存在しつつある一つのもの」、すなわち識が、多様な形象をもつものと一体どうしてなるのか。というのも、単一な識が、多様な形象をもつことはできないから。一方、識が多様な形象を現さないならば、一体どうして、その識は、多様な形象をもつのか。なぜなら、そもそも、多様な形象は存在しないのだから、識は多様な形象をもちえないからである。自己認識は、現わされたものを形象としてもつからである。

ここで、より重要な批判は [5a] の記述であり、それは端的に言って、多様不二論[28]に対する批判である。 [5b] は、単に識が多様な形象を現さなかったらならば、と前提して行っている批判であるから、その意味で、唯識派に対して有効な批判とはならないと考えられる。

3　矛盾する属性の付託に関する議論

さて、これに対して、識論者は次のような批判を行っている[29]。

[6] ĀTV 435,10-17: bāhyasyaivaṃvidhaviruddhadharmādhyāsād bhayam | tathātve 'py abhede 'rthakriyācetanapravṛttīnāṃ saṅkaraprasaṅgāt, vivecanānupapattiprasaṅgāc ca | na tu vijñānasya, na hi tasyārthakriyādhīnaṃ sattvam, api tu pratibhāsamātrādhīnam[1] | nāpi tatrārthakriyārthinaḥ kācit pravṛttiḥ | svarasavāhivijñānapravāhātiriktāyā arthakriyāyās tadarthinaś cābhāvāt | vivecanābhāvaś ca[2] paramo nirvāhaḥ[3] | svasaṃviditarūpatvād iti cet |.

[1] pratibhāsasamātrādhīnam $ĀTV_T$

2 atra add. $\bar{A}TV_{Ch}$, $\bar{A}TV_{T}$

3 'nirvāhaḥ $\bar{A}TV_{Ch}$

（識論者）外〔境〕に対して、次のような種類の、矛盾する属性の付託（evaṃ-vidha-viruddha-dharma-adhyāsa）に関する恐れ（bhaya）がある。

[6a] そうであるとしても〔＝外境に対して矛盾する属性の付託があるとしても〕、〔外境が〕別異性をもたないとき、「果を生じること」と「心作用」（arthakriyā-cetana-pravṛtti）には、混在という過失があるから（saṅkara-prasaṅgāt）。[6b] また、〔外境に対して矛盾する属性の付託があるならば、外境にとって〕区別の不成立という過失があるから（vivecana-anupapatti-prasaṅgāt）。

[6c] しかし、識（vijñāna）に対して〔そのような恐れは〕存在しない。なぜなら、それ〔＝識〕の存在性（sattva）が、「果を生じること」に依存する（arthakriyā-adhīna）、ということはないからである。そうではなくて、〔識の存在性は〕顕現のみに依存する（pratibhāsa-mātra-adhīna）のである。その場合、「果を生じること」を望む人（arthakriyā-arthin）にとって、何らかの活動（pravṛtti）があるということもないのである。自己の味を運ぶ[30]（sva-rasa-vāhin）、識の連続とは異なる（vijñāna-pravāha-atirikta）「果を生じること」と、それ〔＝果を生じること〕を望む人は存在しないからである。

また、〔識に〕区別が無いこと（vivecana-abhāva）が、最高の完成（paramo nirvāhaḥ）である。〔識は〕自己認識された形象をもつが故に（sva-saṃvidita-rūpatvāt）。

「矛盾する属性の付託」という概念は、ダルマキールティによって別異性（bheda）であると定義されている[31]。この定義にもとづいてまず、記述 [5a] に示されたような問題、すなわち存在しつつある一つのものが相互に対立する諸属性をもつことはできないという問題は、外境に対してあるものであると識論者は述べ、二つの「恐れ」を示している。第一の記述 [6a] は、識が別異性をもたないのと同様に、外境が別異性をもたないなら、そのような別異性をもたない一つの外境に、「果を生じること」と「心作用」（arthakriyācetana-pravṛtti）[32]という、矛盾する属性の付託があるなら、混在[33]（saṅkara）という過失があるというものである。次の [6b] は、外境に矛盾する属性の付託があるならば、ウダヤナにとって望ましくない「別異性の不成立」が帰結するであろう、という意味である[34]。

しかし、外境に関して考えられたこのような恐れは、識には存在しない。識の存在性は、外境が「果を生じること」（arthakriyā）に依存して存在性をもつのとは異なり、顕現のみ（pratibhāsamātra）に依存するからである。その場合には、したがって、「果を生じることを望む人」には、当然いかなる活動も生じないであろう。また、唯識説においては、識に区別（vivecana）が無いことが最高の状態である。何故なら、識は、自己認識された形象をもつからである。記述 [6] は以上のような趣旨と思われる[35]。また、この記述が「外境滅」章においてウダヤナによって提示された最初のまとまった識論者の見解であるということをここで確認しておこう。

さて、記述 [6] の識論者の批判に対し、ウダヤナは次のように反論する。

[7] ĀTV 438,3-5: tat kim aṅga | pariṇataśānter āśramapadam iva vijñānam āsādya vyālanakulāder iva nīladhavalādeḥ śāśvatikavirodhatyāgo nibhṛta-vairāṇāṃ tatphalatyāgo vā |.

（ウダヤナ）それが一体何の役に立つのか（tat kim aṅga）。

[7a] 成熟した寂静をもつ人（pariṇata-śānti）の住居（āśrama-pada）のように識を獲得してから（āsādya）、蛇（vyāla）とマングース（nakula）等にとってのように、青や白等の、〔互いの〕永遠の矛盾の棄却（śāśvatika-virodha-tyāga）がある。

あるいは [7b] 敵意が宥められた人々（nibhṛta-vaira）にとって、それ〔＝敵意〕の結果の棄却（tat-phala-tyāga）がある。

この記述は簡潔であり理解しにくいが、ここで「識」が場所と見なされていることを確認して、続くウダヤナの論述を見てみよう。

> [8] ĀTV 438,14-19: na tāvat prathamaḥ, [1]parasparaniṣedhavidhināntarīyakavidhiniṣedhayoravirodhe jagati virodhocchedaprasaṅgāt | na caivam astv ity uttare 'pi nirvṛtiḥ[2], katham apy uktarūpatāyā anivṛtteḥ, tāvanmātraśarīratvāc ca virodhasya | tatsiddhir eva ca bhedasiddhir ato na dvitīyo 'pi |.
>
> [1] parasparabidhiniṣedha° $\bar{\text{A}}\text{TV}_{\text{Ch}}$　[2] nivṛttiḥ $\bar{\text{A}}\text{TV}_{\text{Ch}}$
>
> まず、第一のもの〔＝記述 [7a] 〕ではない。相互の否定と肯定なしにはない肯定と否定をもつ二つのもの（paraspara-niṣedha-vidhināntarīyaka-vidhi-niṣedha）が、矛盾をもたないならば（avirodhe）、世間（jagat）において、矛盾の破壊という過失が付随して生じるからである（virodha-uccheda-prasaṅgāt）。しかるに、「このようであるべし〔＝矛盾の破壊があるべきである〕」と答えたとしても、安心（nirvṛti）がある、ということはない。いかようにしても、言われた性質をもつこと（ukta-rūpatā）に、否定はないから（anivṛtteḥ）。また、矛盾（virodha）は、その限りのものを体とするが故に（tāvan-mātra-śarīratvāt）。しかるに、それ〔＝矛盾〕の成立（tat-siddhi）だけが別異性の成立（bheda-siddhi）である。この故に、第二のもの〔＝記述 [7b] 〕でもない。

まず、“paraspara-niṣedha-vidhi-nāntarīyaka-vidhi-niṣedhayor avirodhe jagati virodha-uccheda-prasaṅgāt” の一文をいかに理解するかが重要であろう[36]。

ウダヤナは、記述 [7] の「青や白等の、〔互いの〕永遠の矛盾の棄却（śāśvatikavirodha-tyāga）」を否定するために、次のような二通りの事態を想定している。すなわち、仮にXとYという二つの矛盾する属性があるとき、(A) Xが否定されればYが肯定され、一方、(B) Xが肯定されれば、Yが否定される。(A)と(B)は相互に対立するが、そのような(A)と(B)に矛盾がなくなるなら、世間において矛盾が破壊することになるであろう。このような事態は、しかし、外境に別異性を認めるウダヤナにとって肯定されるものではない。たとえ識論者が「矛盾があってはならない」と答えるとしても、その答論は困難を解決するものではないのである。なぜなら、すでに述べられた、(A)と(B)という相互に対立する性質をもつもの〔＝外境〕は、いかようにしても否定されないからである。ウダヤナは、このように外境に矛盾（virodha）を認め、そのような矛盾の成立だけが、別異性（bheda）の成立であると述べている。この言明は、記述［6a］において「矛盾する属性の付託によって区別の不成立が帰結する」という識論者の反論を回避するためになされたものであろう。しかし、少なくとも、この言明にもとづいて、ウダヤナによって記述［7］において設定された第二の選択肢「敵意が宥められた人々にとって、それ〔＝敵意〕の結果の棄却がある」という一文は、例えば青と白のような、互いに矛盾する属性をもつものに矛盾がなくなるならば、「敵意の結果」すなわち「別異性」が棄てられることになる、ということを意図したものと考え得るのである。ウダヤナの記述［8］は、「識に区別が無いことが、最高の完成である」という識論者の主張に対する鋭い批判となっていることが知られるであろう。

さらにウダヤナは次のように反論を続けている。

[9] ĀTV 441,6-10: yas tu bāhye virodhaparipālanāya[1] viśeṣo darśitaḥ sa teṣām evāstu[2] | yadi hi viruddhadharmādhyāsasya bhedasādhakatvaṃ prati samāśvāsaḥ[3], kim arthakriyāpratiniyamopanyāsena[4] | na cet, tathāpi kiṃ tena, so 'pi hy arthakriyayor viruddhadharmādhyāsena[5] bhede sati syāt |.

[1] virodhapālanāya ĀTV_{Ch}

[2] astv iti ĀTV_{Ch}

[3] bhedasādhakatve pratisamāśvāsaḥ ĀTV_{Ch}

[4] arthakriyāṃ prati niyamopanyāsena ĀTV_{Ch}

[5] viruddhaḥ dharmādhyāsena ĀTV_{D}

しかし、何であれ、外〔境〕における矛盾（virodha）を保護するために示された区別（viśeṣa）なるもの、それは、それら〔＝諸外境（ĀTVK）〕

にとってのみあるべきである。なぜなら、もし、矛盾する属性の付託（viruddha-dharma-adhyāsa）が別異性を成立させるものであること（bhedasādhakatva）に対して信頼（samāśvāsa）があるなら、「果を生じること」が個々に確定していることを述べること（arthakriyā-pratiniyama-upanyāsa）は必要ではないからである。〔もしまた、矛盾する属性の付託が別異性を成立させるものであることに対して信頼が〕ないというならば、そのようであっても、それ〔＝「果を生じること」が個々に確定していること〕は必要ではない。なぜなら、矛盾する属性の付託によって、「果を生じること」をもつ二つのものに別異性（bheda）があるから、それ〔＝arthakriyā-pratiniyama〕も在るだろうから。

ウダヤナは、外境における矛盾、すなわち外境における別異性を護るために区別（viśeṣa）は必要であり、それは、外境にとってのみなければならないと述べている。「矛盾する属性の付託が別異性を成立させるものであること」というのは、記述 [8] の「矛盾の成立だけが別異性の成立である」という一文を、より厳密に言ったものであるが、それは外境だけに適用される。「矛盾する属性の付託が別異性を成立させるものであること」が承認されるなら、外境における別異性がすでに確定しているのだから、外境の存在性が依存する「「果を生じること」が個々に確定していることを述べる」必要はもはやないのである。

一方、「矛盾する属性の付託が別異性を成立させるものであること」が承認されないとしても、「果を生じること」が個々に確定していることを述べる必要はない。なぜなら、矛盾する属性の付託によって、「果を生じること」をもつ二つのものに別異性があるからである。

つまり、ウダヤナは、「矛盾する属性の付託」が、別異性を成立させるものであることであるか否かを問う必要はなく、「矛盾する属性の付託」だけによって別異性は成立すると主張している。すでに確認したように、ウダヤナは「矛盾の成立だけが別異性の成立である」と述べているからである。

4　ジュニャーナシュリーミトラの説

さて、ここまで、「外境滅」章の識論者の反論とそれに対するウダヤナの答論を考察したが、これらの記述 [6]–[9] は、ジュニャーナシュリーミトラの *Sākārasiddhiśāstra* (SS) における次のような議論を踏まえたものと思われる。

[10] J 449,12-15: nanu viruddhadharmādhyāso bheda ucyate, sa ca bāhyasya buddher veti nātra niyama iti cet | niyama eva | bāhyābhede hi nārthakriyāpratiniyama eva, tadanādare ca pratibhāsamātrāt na viśeṣa iti tad abhāva eva syāt | buddhes tu bheda eva svarūpahāniḥ, arthakriyānapekṣāyās tasyāḥ prakāśād eva sattvāt | bhede ca prakāśābhāvaprasaktis tadavasthāyāḥ |.

（反論）矛盾する属性の付託（viruddha-dharma-adhyāsa）が、別異性（bheda）と言われるのではないか。しかるに、それ〔＝別異性〕が、外界の〔別異性〕、あるいは知（buddhi）の〔別異性〕である、というこれに対する限定（niyama）は存在しない、というならば、（答論）ほかならぬ限定はある。というのは、外界に別異性がないならば、ほかならぬ果を生じることが個々に確定していること（arthakriyāpratiniyama）はないからである。しかるに、それ〔＝果を生じること〕が考慮されないとき、顕現のみ（pratibhāsa-mātra）から異なるものは存在しない。というわけで、それ〔＝果を生じること〕は非存在にほかならないであろう。一方、知に、正に別異性があるならば、〔知の〕本性の廃棄（svarūpa-hāni）がある。果を生じることに依存しない（arthakriyā-anapekṣā）それ〔＝知〕は顕現（prakāśa）のみにもとづいて存在するからである。そして、それ〔＝果を生じることに依存しないもの〕を状態とする（tad-avasthā）〔知〕に別異性があるならば、顕現が存在しないこと（prakāśa-abhāva）という過失があるのである。

反論者は、ここで、矛盾する属性の付託が別異性と言われるけれども、しかし、その別異性は、外境に対して、あるいは知に対して、というような限定（niyama）を欠いていると述べている。ジュニャーナシュリーミトラは、それに対し、別異性に限定はあると述べ、その限定の、外境と知に対する二つのケースを示している。

外境において別異性がない場合、「果を生じること」が個々に確定していることはない。外境の「果を生じること」が否定されるならば、「顕現のみ」(pratibhāsa-mātra) とは別のものは存在しないのである。別異性 (bheda) は外境にのみあり、しかもその外境とは「果を生じること」が個々に確定したものである。これを言い換えれば、知に別異性がなく顕現のみが存在するということである。有外境論者と想定されるこの反論者はこの見解を決して肯定しないであろう。

一方、知に別異性がある場合、知の本性（svarūpa）が害される[37]。果を生じることに依存しない知は、顕現 (prakāśa) のみにもとづいて、存在するからである。また、「果を生じること」に依存しないものを状態とするもの、すなわち知に、別異性が在るなら、顕現の無（prakāśa-abhāva）という過失が生じる[38]。顕現の無は、ジュニャーナシュリーミトラによって決して肯定されないから、知に対して別異性を認めることはできない。記述 [10] はこのような趣旨であろう。

さて、先に私は、記述 [6]–[2] の「矛盾する属性の付託によって別異性の不成立が帰結する」という識論者の反論を回避するために、ウダヤナは記述 [8] の「矛盾の成立だけが別異性の成立である」と主張したのではないかと述べた。つまり、「矛盾」を「別異性」と見なすウダヤナの主張は、SS の記述 [10] における「矛盾する属性の付託が別異性と言われるのではないか」という言明と意味を等しくする。また、記述 [9] でウダヤナが、「矛盾する属性の付託が別異性を成立させるものであること」に対する信頼の有無にかかわらず「「果を生じること」が個々に確定していること」を述べる必要はないと言ったことも、SS の記述 [10] の「しかるに、それ〔=別異性〕が、外〔境〕の〔別異性〕、あるいは知の〔別異性〕である、という、これに対する限定は存在しない」という反論を踏まえたものであろう。

さらに、この SS の「しかるに、それ〔=果を生じること〕が考慮されないとき、顕現のみ(pratibhāsa-mātra)から異なるものは存在しない。(……)果を生じることに依存しない(arthakriyā-anapekṣā)、それ〔=知〕は、顕現(prakāśa)のみにもとづいて、存在するからである」という記述は、ĀTV の記述 [6] で、識の存在性は、果を生じることに依存するものではなく、顕現のみに依存すると言われていたことと同様の趣旨である。それ故、記述 [6]−[9] は、SS の記述 [10] を踏まえていると結論できるであろう[39]。

---

[1] 本節の記述 [18](=『成唯識論』巻二 T31.1585: 10b5-16)参照。

[2] Cf. Hattori 1968: 107.

[3] この語の解釈について、松本 1997: 124, 127, 147参照。

[4] Ichigō 1985: 71 註1参照。

[5] PV_{Legs} 42b2-6.

[6] 以下 PV に対するチベット註釈文献の訳における [ ] 内の番号は、PV Sa bcad (Fukuda & Ishihama 1986) において与えられている科文を示す。

[7] PV III.355: mantrādyupaplutākṣāṇāṃ yathā mṛcchakalādayaḥ | anyathaivāvabhāsante tadrūparahitāpi ||.(チベット語訳:)dper na dbaṅ po sṅags sogs kyis || bslad ba rnams la 'jim dum sogs || de yi gzugs daṅ bral ba yaṅ || mam pa gźan du snaṅ bźin na ||.「(訳 戸崎 1985: 41)たとえば呪文等によって感官が惑乱された者たちに、泥塊等が別様に(=象等のように)顕現する。(泥塊等は)その相(=象等の相)をもたないのに。」

[8] PV_G 136,4-137,4.

[9] PV_{Thar} 308a1-b1.

[10] PV_{Rigs} da 144a4-144b2.

[11] $PV_{K'}$ 143,1,2-143,2,4.

[12] $PV_{Śākya}$ ga 74a7-74b5.

[13] この梵語原語は *Ātmatattvaviveka* (ĀTV) において確認される。Cf. ĀTV 429,4-7: sa tāvad idaṃ pṛṣṭo vyācaṣṭāṃ kiṃ te grāhyagrāhakabhāgayoḥ paramārthasator evābhedo vivakṣita utāho 'bhinnajātīyatvam atha grāhyāṃśasyālīkatvam iti |.「（ウダヤナ）その者〔＝識論者〕は尋ねられたならば、まず、(1) あなた〔＝識論者〕によって、まさに勝義有である、所取と能取の部分 (grāhyagrahākabhāga) の無区別性が、意図されたのか。(2) あるいはまた、〔その所取と能取の部分が〕無区別なものに属するものであることが〔意図されたのか〕。(3) それとも、所取の部分 (grāhyāṃśa) が虚偽なものであることが〔意図されたのか〕という、これを説明せよ」。なお、この一節の読解について、本書第３章第２節参照。

[14] Cf. Śākyabuddhi, *Pramāṇavārttikaṭīkā* D 221b7-222a1: snaṅ ba can gaṅ de gźal bya (PS I.10) źes bya ba la sogs pa'i skabs daṅ sbyor bar byed pa źes bya ba la | tshad ma kun las btus pa la snaṅ ba can źes bya ba la sogs pa bśad par bya ba'i gźuṅ gi skabs gaṅ yin pa de daṅ sbyor bar byed ces bya ba'i don to ||. 「"〔識が〕或るもの (X) の顕現をもつ時、それ (X) が所量である。"[PSV ad k.10] 等のところと結合せしめること、といわれるものに関して、PS において"〔識が〕或るもの (X) の顕現をもつ"ということ等が言われる教説、それと結合せしめるという意味である。」

[15] 戸崎 1985: 41参照。

[16] ラ・ヴァレ・プッサンは、「体」の梵語原語を svabhāva と想定している。Cf. La Vallée Poussin 1928: 127-131. しかるに、その原語は、ātmabhāvaである場合もあるかもしれない。

[17] この「分」という語が付加であることは、宇井 1958: 338で指摘されている。

[18] Bhattacharya 1987: 51-54 参照。ウダヤナの年代は、彼の *Lakṣaṇāvalī* のコロホンに依るものであるが、そこに記される「シャカ暦紀元906年」の解釈に諸説あり、決定を見ていないようである。金沢 1987: 350-349、Chemparathy 1972: 19-21, Potter 1977: 523, Burke 1989: 286-288 参照。

ウダヤナの著作として七つの作品が知られている。立川武蔵氏の想定による著作年代順に列挙すれば次の通りである。（1）*Lakṣāṇāvalī*（2）*Lakṣaṇa-mālā*（3）*Ātmatattvaviveka*（4）*Nyāyakusumāñjali*（5）*Nyāyapariśiṣṭa*（6）*Nyāyavārttika-tātparyapariśuddhi*（7）*Kiraṇāvalī*（Cf. Tachikawa 1981: 14）

(1) はヴァイシェーシカ学説の手引書、(2) はニヤーヤーヴァイシェーシカ学派のカテゴリー論を扱ったもの、(3) が仏教に対する批判書、(4) は神の存在を論証したもの、(5) は論理学における"jāti"（類）と"nigraha-sthāna"（負処）を扱ったもの、(6) はVācaspatimiśra の*Nyāyavārttikatātparyaṭīkā* に対する註釈、(7) はPraśastapāda の*Padārthadharmasaṃgraha* に対する註釈である。

なお、上掲 Potter 1977 及び Burke 1989 も立川氏と同様に著作を列挙しているが、Chemparathyは (1) と (2) の順を逆に見ている。Chemparathy 1972: 22-23 参照。

[19] Chemparathy 1972: 23 参照。

---

[20] R 30, J 41, Bhattacharya 1987: 13, 18 参照。J, Introduction: 34 において指摘され、また谷貞志博士も言及しているように、ĀTV の [1]「刹那滅」章では、ジュニャーナシュリーミトラは直接名指しで批判されている。谷 2000: 561 参照。

[21] このことは、NSū 及び NBh では例えば次のように述べられている。これは、宮坂 1956 における考察（pp. 437-439）にもとづくが、以下の記述に対しては拙訳を付しておきたい。

ND 875,9: nityaḥ khalv ayam ātmā (NBh ad NSū III.2.39)《実に、このアートマンは恒常なものである》（宮坂 1956: 259 参照）。

ND 184,4: icchādveṣaprayatnasukhaduḥkhajñānāny ātmano liṅgam iti | (NSū I.1.10)《欲求と嫌悪と努力と楽と苦と知が、アートマンの証相である》（宮坂 1956: 25 参照）。

ND 453,4: jñānaliṅgatvād ātmano. (NSū II.1.24)《アートマンは知を証相として有する》（宮坂 1956: 107 参照）。

ND 454,1: jñānam ātmaliṅgaṃ tadguṇatvāt | (NBh ad NSū II.1.24)《知が、アートマンの証相である。〔知は〕それ〔＝アートマン〕の属性であるが故に》（宮坂1956: 107 参照）。

[22] Stcherbatsky 1932: 50, 68; Stcherbatsky 1932a: 372-377 参照。

[23] Cf. ĀTV_{BI} 20,7-8tatra bādhakaṃ bhavad ātmani kṣaṇabhaṅgo vā bāhyārthabhaṅgo vā guṇaguṇibhedabhaṅgo vā anupalabdho veti ||. ĀTV_{BI}の章立てもこの分類にもとづいている。谷 2000: 561-562 参照。

[24] 例えば、ĀTV_{D} や Chakrabarti 1999 の翻訳によって ĀTV の議論が理解されるが、それらの研究では、ウダヤナの直接の批判対象であったジュニャーナシュリーミトラの思想が必ずしも視野に収められていないように思われる。

[25] Iwata 1991 (Teil 1): 32、北原 1997: 955 参照。北原氏は (1) 及び (2) を形象真実論を想定したもの、(3) を形象虚偽論を予想したものと述べている。北原 1997: 955 参照。北原氏の想定が正しければ、形象真実論と形象虚偽論をウダヤナが意識していたと考えられる点で興味深い。というのも、ウダヤナは、無形象虚偽唯識説と思われる反論に対して、区別の否定は無区別性の肯定であると述べているからである。ĀTV 475,1-3 参照。なお、この記述（ĀTV 475）に関して、Iwata 1991 (Teil 1): 32, 1991b: 40, n.43参照。

[26] Iwata 1991 (Teil 1): 31, 1991b: 39, n.35-37 において読解されている。

[27] "sahopalambhaniyama" という証因は、唯識性と共に、所取と能取の間の無区別性の証因でもある。Matsumoto 1980: 298-265, 特に297, 273-272, n.3, Iwata 1991 (Teil 1):18-20 112, 1991 (Teil 2): 92, n.11 参照。

[28] 多様不二論は、形象真実論の理論的特徴である。この理論自体は、ダルマキールティの PV III.220-221 で確立された。多様不二論については多く説明がなされているようであるが、ここには松本史朗博士の論文からその説明を引用しておきたい。すなわち、*Madhyamakālaṃkāra* の次の記述である。《ある人々は「瑪瑙の宝石の様に、唯一の識が多様な形象（ṅo bo, rūpa）を持つ」と言う》。ここでいう、「ある人々」の主張が多様不二論である（松本 1986: 185）。

なお、多様不二論を論じた沖 1973参照。

[29] この批判は、ĀTV に対する註釈者の一人である Śaṅkaramiśra によって、ラトナキールティの説であると述べられている点で注目される。ĀTVK 435,17 参照。これがラトナキールティの説を予想したものであることは、北原氏も指摘している。北原 1997: 954 参照。

[30]「自己の味を運ぶ」と訳した "svarasavāhin" という語について若干述べておこう。"svarasa" とは、字義通りには「自己の味」あるいは「自己の本質」という意味であるが、『梵和大辞典』（講談社、1986）によれば、「無功用」「自然」、"svarasena" には、「任運」「由自性」「淳至」「任運自然」という漢訳語が確認される。つまり、それらの漢訳語によって、"svarasavāhin" が、「任運に運ぶ」、換言すれば「自己の力で動いていく」という意味であることが理解されると思われる。しかし、"svarasavāhin" という語を「自己の力で動いていく」と翻訳するのは意訳にすぎると思い、逐語的に「自己の味を運ぶ」と訳したが、このような意味で解釈したことをお断りしておきたい。さらに誤解を避けるために付け加えておくと、「自己の味を運ぶ」のは「識」であって、識の「流れ」ではない。また、「自己の味を運ぶ識の連続とは異なる「果を生じること」」という文章が、「識」と「果を生じること」の明確な区別を示している、というよりはむしろこの文章は、唯識派がそのような「識の連続」における「果を生じること」については否定的でなかったことを含意しているのではないかとも考えられる。

[31] ダルマキールティは PVSV において次のように述べている。PVSV 20,21-22: ayam eva khalu bhedo bhedahetur vā bhāvānāṃ viruddhadharmādhyāsaḥ kāraṇa-bhedaś ca |.「実に、ほかならぬこの、諸事物の別異性、或いは別異性の原因は、矛盾する属性の付託と、原因の別異性である」。久間泰賢博士は、この記述がダルマキールティ以降の8−10世紀のニヤーヤ学派の思想家達によく知られていたことを指摘している。KYUMA 1999: 228-229参照。

なお、ウダヤナが「矛盾する属性の付託」という概念によって仏教を批判することが考察される際、彼の「矛盾」に関する見解が問題となるであろうが、それに関しては稿を改めたい。また、仏教徒の「矛盾」解釈についていくつかの先行研究が発表されているけれども、ウダヤナとの関連で BANDYOPADHYAY 1988 を挙げておきたい。

[32] Śaṅkaramiśra は次のように註釈している。ĀTVK 435,19-22: tathātva iti | viruddhadharmādhyāse 'py abhede nīladhavalādīnāṃ pratiniyatārthakriyākāritvaṃ dṛṣṭam eva vighaṭeta, na ca pratiniyatā pravṛttiḥ syāt |.「tathātve というのは、矛盾する属性の付託があるとしても、〔外境が〕別異性をもたないとき、青や白等が、個々に確定している「果を生じること」をなすものであること（pratiniyata-arthakriyā-kāritva）は、まさに明らかに破滅するであろう。しかるに、〔心〕作用（pravṛtti）が、個々に確定している〔「果を生じること」をなすものであること〕（pratiniyatā）である、ということはないであろう」。

arthakriyā という語は、周知のように、ダルマキールティの PV III.3 において勝義有（paramārthasat）を定義する際に用いられている。すなわち、そこでは arthakriyā の能力をもつもの（arthakriyā-samartha）が勝義有であると定義されているが、

arthakriyā に「目的の成就」と「果を生じること」という二義性があることは、Nagatomi 1967/68、神子上恵生 1978、桂 1983 において指摘されている。神子上 1978 は、ジャイナ教徒 Haribhadra Sūri の著作において、仏教徒が物に普遍的機能（sāmānyā śakti）と特殊的機能（pratiniyatā śakti）という二つの機能（śakti）を認めていること、そしてそれがダルマキールティの著作においても確認されることを明らかにし、特殊的機能については次のように指摘している。《特殊的機能は色等にある知覚を生じさす原因の働きである。色、味、香等を表示する言葉の指示対象である。arthakriyā の因果効力に相当する。独自相と関係するものである》（神子上 1978: 15）。この ĀTVK の記述において「個々に確定している「果を生じること」」（pratiniyata-arthakriyā）とは、その二つの機能のうち、このような特殊的機能を意味したものであろう。したがって、ウダヤナによって仮に立てられた識論者の批判は、「仮に、外境に別異性がない時、実在である青や白等に、「個々に確定している「果を生じること」をなすものであること」と「心作用」を認めるなら、まさに混在である」という意味となる。

なお、本論では、arthakriyā に「果を生じること」という訳語を用いている。それは、松本 1980: 116 註 1 及び松本 1997: 146 註16において指摘された Devendrabuddhi の解釈にもとづく。さらに、この語については松本 1997: 149〔付記A〕をも参照。また、arthakriyā の artha という語の理解には金子 1997参照。金子 1997 は、arthakriyā という語の artha が「目的」と「結果」という意味以外に「個物」という意味をも有することを指摘し、さらに、PV III.1 の arthakriyā 及び PV III.3 の arthakriyāsamartha という複合語の前分に用いられる artha が、結果だけではなく、個物としての「対象」をも意味することを Yamāri の論述にもとづいて提示し、それをダルマキールティ自身と Śākyabuddhi の著作に跡づけて論証している。artha が、個物としての「対象」を意味するならば、記述 [6] において arthakriyā と cetana-pravṛtti がいわば対比的な意味で用いられていると理解されるのであるが、それは arthakriyā-cetana-pravṛtti という複合語の理解として正しいであろう。例えば、記述 [6] において、外境と識が対比的に論じられていることを確認すべきである。

[33] 「混在 (saṅkara)」とは、M. Monier-Williams, *A Sanskrit-English Dictionary*（Oxford 1899）によれば、"mixing together" "commingling" "intermixture" "confusion" と出ており、『梵和大辞典』（講談社、1986）によれば、漢訳語は「雑」「雑乱」「相雑」「襍雑」である。*Nyāyakośa* (Bombay Sanskrit and Prakrit Series, No. XLIX) によれば、「混在」とは「互いに絶対的に存在しないものにして等しい基体をもつ二つの属性が、一つのものに共存していること」"parasparātyantābhāvasamānādhikaraṇayor dharmayor ekatra samāvessaḥ."（p.900, ll.7-8）である。なお、「交錯〔saṅkara ＝新井〕とは、互いに共存できない二つの限定的な属性が、一つのものに共存していることを指す」と説明される。宮元・石飛 1988: 62 参照。

[34] "arthakriyā" を含む記述の英訳を確認しておこう。

ĀTV$_D$ 197-198: "……because if despite this appearance in the external entities they are treated as identical the significant activities caused by them and the dispositions towards them would get confused with each other. Besides on this view the external objects could not be distinguished from each other".

Chakrabarti 1999: 256: "If they were non different in spite of being so [i.e., having opposed natures], there would be the consequence that causal functions and conscious activities will overlap and also that cognition of difference would be unaccounted for".〔下線＝新井〕

これらのもっとも大きな相違は、"vivecana-anupapatti" の主語であろう。ĀTV$_D$ は、それ "the external objects" と考えているが、Chakrabarti 1999 は "cognition of difference" と考えている。私の理解は、外境にとって別異性が成り立たないと考える点で、ĀTV$_D$ のそれと同じである。Chakrabarti 1999 はその意味に不明瞭さがあると思われる。

35 久間 2002 では、ジュニャーナシュリーミトラの唯識説において、知識において表象が顕現することが「存在性」であることが、SS のいくつかの記述にもとづいて確認されている。後述する記述 [10] との関連でも、久間氏の和訳（久間 2002: 522）と、そこに示された訂正を含む本文（久間 2002: 530）を引用しておきたい。

J 399,7-8: bāhye 'py arthe prakāśena sattvaṃ tattvata iṣyate | pratipattur abhiprāyāt śaktyā sattvavyavasthitiḥ || śakter api prakāśena vinā sattāprasiddhitaḥ | śaktyantara-baleneti kathāyām anavasthitiḥ ||.

「……外界の対象についても、真実においては、顕現によって存在性が承認される。[効果的作用の] 能力による存在性の定立は、認識主体の意図に基づいている [主観的なものに過ぎない]。[効果的作用の] 能力も、顕現なしには存在性は成立されないからである。別の [効果的作用の] 能力に基づいて [存在性が成立する] と語るならば、無限遡及となる。」

J 399,24: sattvaṃ tato bahir api prakāśād eva tattvataḥ ||.

「……それ故に外界についても、存在性は真実において顕現のみに基づいている。」

J 400,15-16: tasmād bāhyārthavāde 'pi yady api vyavahārataḥ | śaktiḥ sattā prakāśas (*corr*. J : sattāprakāśas) tu tāttvikīti dvidhā sthitiḥ ||.

「……したがって、外界実在論においても、たとえ言語慣習上は [効果的作用の] 能力が存在性であるとしても、顕現が真実 [の存在性] である、というように、規定は二通りである。」

さらに久間 2002: 529-530 註18参照。

36 英訳者は次のように翻訳している。

ĀTV$_D$ 199: "If things whose presence and absence are pervaded by their absence and presence respectively are not supposed to be opposed to each other then all opposition would disappear from the world".

Chakrabarti 1999: 257: "If there were lack of opposition between an affirmation and a negation which necessarily negate each other, there would be no opposition left in the universe".〔下線＝新井〕

これらの二つの英訳は次の二つの点で厳密さを欠いていると思われる。一つは、"paraspara-niṣedha-vidhi-nāntarīyaka-vidhi-niṣedhayor" という複合語を bahuvrīhi 複合語として理解していないこと、もう一つは、その複合語を両数で翻訳していないことである。したがって、これらの翻訳にもとづいて一体何に矛盾がないのか理解し難いように思われる。

[37] Cf. PV III.354.

[38] "prakāśa" の概念については、北原 1996: 10, 19 註40、及び久間 2002: 529-530 註18参照。ジュニャーナシュリーミトラにおいても知の本質は "prakāśa" であると認められているが、"prakāśa" は「照明」と「顕現」という二つの意味を持っており、久間氏が指摘するように、ジュニャーナシュリーミトラが知の存在性に関して "prakāśa" に言及する場合、その意味は「顕現」と理解されるべきであろう。しかしこれは有形象唯識説において知の本質が「照明」と考えられていることを否定するわけではないが、例えば、形象の無を説く無形象唯識説において知の本質が「照明のみ (prakāśamātra)」という概念によって表されることとの関係を考慮しても、"prakāśād eva" は、"pratibhāsamātrāt" と同義とみなし「顕現のみに基づいて」と理解するのが妥当であると思われる。

[39] "arthakriyā-pratiniyama" という語が SS とĀTV「外境滅」章の中で使われるのは、それぞれ、記述 [10] と記述 [9] においてのみであることを付言しておきたい。これは、記述 [6]–[9] が記述 [10] を踏まえた論述であることを示す重要な要因であると思われる。

付論　『有形象証明論』における大悲

仏教において智慧と共に慈悲が著しく強調され、仏陀の徳の一つとされていることは、既に十分に知られている。すなわち古い文献において説かれる四無量もしくは四梵住の第二支「悲 (karuṇā)」は後代別出され、「大悲 (mahākaruṇā)」として十八不共法の一つに挙げられるようになったが[1]、慈悲は仏陀の利他的属性として許りでなく、更に仏教徒の、とりわけ大乗の菩薩の利他的な在り方の基本的徳目として要求される仏教の根幹として位置付けられていると思われる。

仏教もしくは仏教の智慧と、仏陀に特有な属性として数え上げられるに至る「大悲」との連関の起源について言えば、パーリ聖典『中部』『聖求経』の一節に求めることが出来るであろう[2]。確かにそこでは、釈尊が仏の眼を以て世間を見たことの根拠もしくは動機付けが「悲 (kāruññatā)」とされるが、しかし釈尊の出家から最初説法に至るまで慈悲もしくは利他の教えがないという事態は[3]、仏教史における慈悲のあり方の基点を示し、慈悲という仏陀の徳、もしくは仏教あるいは仏教の智慧と慈悲の連関の自明性を根本から問い直すものとして極めて重要な意義をもつと思われる[4]。

しかるに、このような出発点を持つ慈悲の観念を後代の仏教徒はどのように論じているであろうか。11世紀の唯識思想家ジュニャーナシュリーミトラは、彼の『有形象証明論』*Sākārasiddhiśāstra* (SS) において数度慈悲に言及している。SSにおける慈悲の用例を一括して挙げれば、次のとおりである。

[1] J 499, 5-6 [= J 537, 10-11] (*Ratnagotravibhāga* II.53):

mahākaruṇayā kṛtsnaṃ lokam ālokya lokavit |

dharmakāyād avicalan nirmāṇaiś citrarūpibhiḥ ||

「〔高崎訳〕大悲をもって、全世界を観わたして、世間を知る者（＝

仏）は、法身より動くことなく、種々の形の化身によって、」（高崎 1989: 156。下線＝新井）

[2] J 508, 22-24: kathaṃ punar jñeyābhāve jñeyapratibimbodaya eva. ucyate, yathā yathā pūrvaṃ bāhyato vijñānamātrato vā viśvam abhiniviśya mahākaruṇayā parārthasampādanābhiprāyasya pratiparamāṇupratikṣaṇasarvākārasarvavedanapraṇidhiḥ, tathā tathaiva jñānodayaḥ.

（反論）しからば、いかにして、所知がないとき、ほかならぬ所知の影像が生じるのか。（答論）言われる。前に、外界として、あるいは識のみとして種々に執着してから、大悲によって利他を完成する意図をもつものにとって、それぞれの極微とそれぞれの刹那と一切の形象と一切の認識に対する誓願があるように、そのように、まさにそのように知が生じる。

[3] J 477, 24-25: niḥsīmā ca samāropaḥ sāṃsārikasya skandhā evātmetyādivat, kāruṇikena tasyāpy anupekṣaṇīyatvāt.

しかるに、増益は際限ない。輪廻するものにとって諸蘊だけが我であるということ等のように。悲を有するもの (kāruṇika) によっては、それ〔＝輪廻するもの〕も、捨てられるべきものではないが故に。

[4] J 490,12-16: atha kāraṇaṃ. tadedānīm api samanantarapratyayaḥ kāraṇam na tadāpi vicchidyate, viśeṣato 'śeṣajagatkṛpāsahāyam. kleśābhāvān na pratisandhisaktir iti cet. hitasukhecchayāśucisthānapātalakṣaṇaḥ saṃsāra eva mā bhūt, prabandhamātreṇa tu vṛttiḥ kena vāryate, viśeṣeṇa dayāloḥ. tasmān na svayaṃ nivṛttiḥ,

（反論）もしまた、因がある、というならば、（答論）その時には、今も、因は等無間縁であり、その時にも区別されない。特に、すべての有情に対する慈悲 (kṛpā) の助力者である。（反論）雑染が無いから、再生にとらわれることはない、というならば、（答論）利益と楽を望むこと (hitasukhecchā) によって、ほかならぬ世間は不浄なる状態に陥ることを相としないのではないか。しかし、特に慈悲者 (dayālu)の働きが、いかなる相続のみによって覆われるのか。それ故に、自ら滅 (nivṛtti)があるということはない。

記述 [1] 及び [2] のように、ジュニャーナシュリーミトラがkaruṇāを述べるときにはmahākaruṇā「大悲」として取り扱っている[5]。記述 [1] は、『宝性論』*Ratnagotravibhāga* 第２章において仏身の顕現として変化身が説かれる一節の引用でありジュニャーナシュリーミトラの仏身論を示す点で重要な意義が認められるものであるが、今のわれわれの関心からはむしろ、ジュニャーナシュリーミトラ自身の言葉で「大悲」が述べられる記述 [2] が注目される。

記述 [2] の直前には『大乗荘厳経論』*Mahāyānasūtrālaṃkāra* IX.69cdとBhāṣyaが引用されているが、それに続いて『中辺分別論』*Madhyāntavibhāga* I.3 に対する Sthiramati の Ṭīkā が引用されていることが今回確認された[6]。これは目下の関連において極めて示唆的であると思われる。すなわちこの引用は記述 [2] は、MSA IX.69cdとBhāṣya、MAnV I.3の文脈において理解されるべきことを示すものであろう。そうであるならば、ジュニャーナシュリーミトラは記述 [2] の「それぞれの極微とそれぞれの刹那と一切の形象と一切の認識」という一文において、自説を織り込み表現を換えて、MAnV I.3に言及していると思われるのである[7]。更に、このような言及の仕方によってジュニャーナシュリーミトラは、「大悲によって利他を完成する意図をもつもの」として、MSAとMAnVの著者であるマイトレーヤを想定していた可能性があると思われる[8]。

ジュニャーナシュリーミトラはSSにおいて仏陀の徳について次のように述べている。

J 502,23-25: kathaṃ ca buddhaguṇam ārabdho vaktuṃ nāthaḥ parārthasādhanam asādhāraṇaṃ nirmāṇakāyam anabhidhāya nirvṛṇīta.

しかるに、仏陀の徳を語ることに着手した主 (nātha) は、利他を成立させる、〔受用身と〕共通でない変化身を語らずに、どのようにして滅する[9]であろうか。

「仏陀の徳を語ることに着手した主」が「利他を成立させる」「変化身」を語るものとされているが、この主旨が、仏陀の徳である「大悲」を通じて利他を成立させることを意図するというものであるならば、この「主 (nātha)」とは仏陀でなく記述 [2] で示唆されたマイトレーヤを指していると考えられることを指摘しておきたい。

※本論で取り上げた幾つかのテキストの読解に関してご教示いただいた松本史朗博士に、記して謝意を表したい。但し、文責が筆者にあることは言うまでもない。

---

[1] 本論では「慈悲」という日本語を karuṇā や mahākaruṇā、kṛpā 等の意味を含むものとして用いたい。但し、訳語に関して言えば、引用を除き karuṇā は「悲」、従って mahākaruṇā は「大悲」と訳し、kṛpā等のその他の類語にはすべて「慈悲」の訳語を与えておく。

なお、「あわれみ」や「憐憫」「同情」といった現代日本語が karuṇā の意味を適切に表しているか、今日吟味する必要があると思われる。

[2] Cf. APS 169: atha khvāhaṃ bhikkhave brahmuno ca ajjhesanaṃ viditvā sattesu ca kāruññataṃ paṭicca buddhacakkhunā lokaṃ volokesim.「〔中村訳〕そのとき世尊は梵天の意願を知り、また衆生に対するあわれみ (kāruññatā) により、仏の眼を以て世間を見わたした。」(中村 2010: 45-46。)

[3] 高崎 1992: 162-163参照。なお、これに関連して、釈尊が説法を決意する契機としての「悲」についてシュミットハウゼン教授の次のような指摘は重要である。「衆生に対する同情または憐憫は補足的な動機として述べられている。」SCHMITHAUSEN 2000: 120 :(訳) 73。

[4] SCHMITHAUSEN 2000:127:(訳) 78:「同情は仏陀が開悟したことによる必然的な成果である、あるいは声聞のそれもふくめて、どのような解脱の経験からでもかならず自動的に流れでてくるものである、という二つのことは、管見によるかぎり、すくなくともふるい資料においては確認されていない。〔......〕とりわけ人格を構成する要素の無我性についての(のちに前面に押しだされてくることになる)智慧は,筆

者のみるかぎり、すくなくとも正規の仏典においては、ただそれら構成要素からの解放にのみ資するものである。その智慧は、したがって、たしかに利己的な感情と努力の根を断つものではあるが、しかし、だからといって積極的に利他を目指す感情や衝動を自動的に生みだすまでにはいたってはいない。」

教授はここで無我もしくは無我性の智慧から「悲」が自動的に出て来ることの自明性を問うているが、このような問いは、換言すれば,『聖求経』を考慮すると、仏陀の悟りには元々「悲」の発想を含まないのではないか、もしくはそれらに論理的な関係性はないのではないかという問いに行きあたらないわけにはいかないと思われる。

[5] 但し、SSには私が見る限りkaruṇāが単独で用いられる例がないようであることは気に掛かる。記述 [3] のkāruṇikaはkaruṇāから派生した語であるが、karuṇāの語とは一応区別しておきたい。

[6] J 508,17-21: [a]sambhogabuddhatā jñānapratibimbodayāc ca tad[a] ity atra bhāṣyam, [b]sambhogabuddhaś ca tat, jñānapratibimbodayāc ca tad ādarśajñānam ity ucyata[b] iti. tasmād [c]arthasattvapratibhāsasyānākāratvād[c] ity atrāpy [d]agrāhakatvād[d] iti yuktaṃ vibhaktam ācāryasthiramatinā. [e]tathācārya[e]vasubandhupādaiḥ svayam anābhāsa-śabdasyāpy anyatra nirviṣayārthatvaṃ vyākhyātam iti darśitam eva.

[a] MSA IX.69cd. [b] MSABh 47,2: sambhogabuddhatvatajjñānapratibimbodayāc ca tad ādarśajñānam ity ucyate. [c] MAnVṬ 18,16. [d] MAnVṬ 18,23. [e] tathācārya] *em.*; tathā cārya° J.

「また、それ（鏡智）は受用仏であることである。知の影像を生じるから。」[MSA IX.69cd] というこれに関して、「また、それは受用仏である。そして知の影像を生じるから、それは鏡智であると言われる」[MSABh] という釈がある。それ故に、「対象と有情としての顕現は無形象であるが故に」[MAnVṬ ad I.3] というこれに関しても「能取でないが故に」[MAnVṬ ad I.3] というのが正しいと師スティラマティによって弁別されたのである。そのように、師ヴァスバンドゥ尊者によって、自ら、無顕現という語も別のところにおいて無境という意味であると解説されたと正に示された。」

[7] Cf. MAnV I.3: "arthasattvātmavijñaptipratibhāsaṃ prajāyate | vijñānaṃ nāsti cāsyārthas tadabhāvāt tad apy asat ||"「識は、対象として、有情として、我として、表識としての顕現をもつものとして生じる。しかるにそれ（識）の対象は存在しない。それ（対象）が無いから、それ（識）も無いのである。」

記述 [2] の「それぞれの極微とそれぞれの刹那と一切の形象と一切の認識 (pratiparamāṇu-prati-kṣaṇa-sarvākāra-sarvavedana)」は、MAnV I.3の対象、有情、我、表識に言及したものと解釈し得るばかりでなく、記述 [2] の反論の「所知」の内容を、従ってまた、唯識性を示しているとも理解されるであろう。

[8] 大悲は十八不共法の一つであるから、ここで大悲が仏陀以外のある特定の誰かに対して関連付けられていることについては一応注意を払っておく必要があるかもしれない。仮に、大乗の救済の道を信奉する菩薩に言及するならば、「大悲」と「悲」とは厳密に区別されて、そのような菩薩は先ず「悲」と結び付けられると思われる。

それ故、記述 [3] のように、単に「悲を有するもの (kāruṇika)」とは、このような菩薩と解釈されるであろう。それに対して、「大悲によって利他を完成する意図をもつもの」という場合、この菩薩ではなくて、大悲を属性とする資格をもつ、未来仏としてのマイトレーヤとの緊密な連関が示されていると解釈されるのである。

9 加納和雄博士の学位論文における論考にしたがい、nirvṛṇītaをnivṛṇītaの意味で解釈しておきたい。なお、加納博士は、この「主」が、ジュニャーナシュリーミトラのSSg II.97cd: evaṃ vaktari nātheの記述によって、『宝性論』の著者とされるMaitreyanāthaであることを含意していると論じておられる。

初出一覧

第１章第１節「ジュニャーナシュリーミトラの思想史的場」『駒澤大学仏教学部研究紀要』70, 2012, 65–72 にもとづいて加筆補訂する。

第１章第２節「Yuvarājaについて——ジュニャーナシュリーミトラの仏教思想——」『駒澤大学仏教学部論集』43, 2012, 211-219 にもとづいて加筆補訂する。

第１章第３節「ジュニャーナシュリーミトラと『宝性論』」『駒澤大学仏教学部研究紀要』71, 2013, 175-182 にもとづいて加筆補訂する。

第１章第４節「ジュニャーナシュリーミトラの自己認識説」
　第５節「ジュニャーナシュリーミトラの中観派批判」
「ジュニャーナシュリーミトラの中観派批判——自己認識説を中心として——」『曹洞宗研究員研究紀要』34, 2004, 1-41 にもとづいて加筆補訂する。

第２章「『有形象証明論』「自己認識章」の考察」
「『有形象証明論』*Sākārasiddhiśāstra*「自己認識章」和訳研究」『インド論理学研究』2, 2011, 81-90；「『有形象証明論』*Sākārasiddhiśāstra*「自己認識章」和訳研究（2）」『インド論理学研究』3, 2011, 127-132；「『有形象証明論』*Sākārasiddhiśāstra*「自己認識章」和訳研究（3）」『インド論理学研究』4, 2012, 55-61 及び博士論文にもとづいて加筆補訂する。

第３章第１節「『量評釈』「現量章」第354偈の自己認識説」

「『量評釈』「現量章」第354偈の解釈――識の〈三分〉説をめぐって――」『曹洞宗研究員研究紀要』32, 2002, 15-51 にもとづいて加筆補訂する。

第３章第２節「ウダヤナの唯識説批判」

「ウダヤナの唯識説批判――*Ātmatattvaviveka*「外境滅」章研究（1）――」『駒澤大学仏教学部論集』34, 2003, (37)-(56) にもとづいて加筆補訂する。

付論　「『有形象証明論』における大悲」

「*Sākārasiddhiśāstra* における大悲」『インド論理学研究』6, 2013, 169-172 にもとづいて加筆補訂する。

索　引

索引は３種類ある。(1)原語索引、(2)作品名索引、(3)文献引用箇所索引。

項目に対して、本書の頁数が示されるが、そのうちアラビア数字と丸括弧に示される番号は本書の当該する章と註番号を示す。（例　3(7)＝本書第3章註7）

(1)原語索引

太字体で頁数及び行数が挙げられる語句は第２章「サンスクリットテキスト」にあるものを示すが、同章「本文の和訳」に丸括弧で括られた語句は取られていない。他の章の語句について頁数のみを通常の書体で示す。

akṣara **89,1; 90,16**

°ārūḍha **88,15**

agni **89,11**

agra

tad° **79,4**

aṅkura **89,13**

aṅga

preraṇāṅgarāgajanitatvādipratikṣepeṇa **79,8-9**

aṅgulyagra **79,2**; **79,2-3**; **79,4**;

ajaḍa

°rūpa **80,1**

aṭṭa **85,12**

atattvadarśipuruṣa 148

atiprasaṅga **86,20**

atrāṇa **81,4**

adṛṣṭa **87,5**; **88,2**; **88,3**

advaya **82,21**

°vāda **83,8**

adhikāra **86,10**

buddhirūpa° **80,8**

adhigati

tadadhigatisiddhi **87,5**

adhimokṣa

satyādhimokṣavāraṇa **88,11**

adhyāsa

viruddhadharma° 32; 160; 162

ananubhūta **86,20**

anavasthā **87,3**
anādi
°vāsanāvaśa **83,18**
anicchāmātratas **81,13; 84,3**
anupalambha
vyāpaka° **81,1**
anubhava **86,18**
°ananubhava **87,1**
°siddhi **8,17**
°svabhāvaparibhava **85,6**
svarūpamātra° **84,22**
anubhūta **86,20**
anubhūyamāna **87,7**
anumāna **84,12**
anumitimata **87,4**
anurakṣā
loka° **86,4**
anuvāda
°mātra **83,5**
tadanuvādamātra **82,9**
antaraśloka **80,3**
andhakāra **85,10**
anya
°vidhi **81,13**
apanaya
upanāyāpanayasvabhāva **82,12**
aprakāśa **80,14**
°dharmāntara **84,20**
apratyakṣopalambha **90,13**
abādhana **86,3**
abhāva **81,10**; **81,11**; **86,3**
°abhāva **82,1-2**
bhāva° **84,2**
bhāvābhāvavikalpaniṣedha **84,8**
abhidhāna **83,16-17**
abhidhāyin
ekaniṣedha° **84,2-3**
abhiniveśa
tadabhiniveśaprasavayogya-viśiṣṭākārajñānamātrodaya **83,18-19**
abhinna
°vedana 24
abhiprāya
kriyākārakabhāva° **89,7**
abhimata **87,14**; **88,17**
alīka° 23
ṣaḍindriyavijñānagocarābhi-mata **89,3**
abhimāna **79,1**
abhūta **88,1**
°āropa **83,11-12**
°parikalpa **90,16**
°vikalpavāraṇa **88,5-6**
artha **79,16**; **80,19**; **84,16**; **86,20**; **88,2**; **88,11**

°ākārajñāna **86,18**
°ābhāsa **90,9**
°dṛṣṭi **90,13**
āśaṅkyā° **86,17**
nāsty° **81,9**
śūnyatā° **84,10**
gatyarthatā **89,11**
jñānārthatva **89,11**
parārthaśīlatā **82,25-83,1**
puruṣārthopayogitattvākhyāna **86,6**
vākyārthaparyavasāna **79,7**
°sāmarthya 23
arthakriyā
°adhīna 156
°anapekṣā 32
°pratiniyama 32
°pratiniyamopanyāsa 160
alīka **86,7**
°abhimata 24
avicāra
°catura 6; **84,1**
aśakyanihnava **87,18**
asaṃvitti **87,2**
Asaṅga
āryāsaṅgayuvarājoktinirṇaya 10; 13
asat **82,20**
°prakāśavapus 7
sarvāsatkalpanākṣaya **85,4**
asattva **88,10**
asattvābhāva **82,1**
asatya **88,12**
asatyatāpādana **88,13**
asallakṣaṇānupapatti **82,1**
astināstivyatikrama **81,8-9**
astiniṣedha **81,9**
ākāra **89,3**
citra° **89,6**
tad° **87,10**
tadākārodayamātra **88,7**
jñānākāramātra **83,10**
tadabhiniveśaprasavayogya-viśiṣṭākārajñānamātrodaya **83,18-19**
tadākāradarśanapratyanīkā-kārajñānodaya **84,6-7**
pratiparamāṇupratikṣaṇasarvā-kārasarvavedanapraṇidhi 172
svākāramātra **83,8**
āgama **82,10**
°pātha 6; **84,1**
yukti° **90,17**
mukhyapramāṇāgamaśāstra-bādhā 23
ātman **87,12**; **90,1**; 172

°saṃvitti **80,1**
āditas **82,8**; **83,5**
ādiśāntatva **82,10**; **85,3**
ābhāsa
artha° **90,9**
āropa **83,10**
abhūta° **83,11-12**
grāhyagrāhaka° **90,2**
āropya **83,9**
ārya **84,6**
°anārya **82,9**
°nāgārjunādi **83,24**
°nāgārjunapāda 6; **89,14**
°maitreyanāyakanāyatikrma
Āryasandhinirmocana **90,6**
āśaya
svayam° **86,7**
āśraya
saṃvṛti° **84,10-11**
āsya **85,12**
indriya
ṣaḍindriyavijñānagocarābhimata **89,3**
īśvara **82,20**
prakṛtīśvarādivyāpāranirāśa **79,17-18**
Uttaratantra **90,14**
utpatti
tādṛksvarūpotpattipratipādanamātra **79,18**
utpanna
prakāśarūpa° **79,20**
utpādana
°vināśalakṣaṇa **82,11-12**
upanāya
°apanayasvabhāva **82,12**
upalambha
apratyakṣa° **90,13**
nopalambha° **85,1**
upalāpana
bālajana° **86,16**
upādhi
sarvopādhivivikta **85,8**
eka
°niṣedhābhidhāyin **84,2-3**
°bhāda **81,13**
ekatra **81,15**; **89,6**; **89,10**; **89,11**
evaṃvādin **79,9**; **80,4**
kartṛ **79,11**
karmakartṛvivakṣā **79,15**
karman **79,11**
°kartṛvivakṣā **79,15**
dṛṣṭādikarmanirdeśa **87,18**
kalpanā **87,16**; **88,1**; **88,2**; **88,3**; **88,8**
°viśeṣaṇatva **88,15**

°śabda **88,16**; **89,1**
sarvāsatkalpanākṣaya **85,4**
kalpita **84,22**; **85,17**; **89,4**
°rūpaniṣedha **88,5**
kāraka
kriyākārakabhāva **80,2**
kriyākārakabhāvābhiprāya **89,7**
kriyākārakavyavahāra **79,19**
kāritravirodha **79,1-2**; **79,7**; **86,11**
kāruññatā 付論(2)
kāruṇika **90,2**; 172
kāryakāraṇakalpana **89,10**
kīrti
°vārttikabhāṣya 6; **82,23**
kriyā **79,11**; **79,12**
°kārakabhāva **80,2**; **90,4**
°kārakabhāvābhiprāya **89,7**
°kārakavyavahāra **79,19**
kṣaṇa
pratiparamāṇupratikṣaṇasarvā-
kārasarvavedanapraṇidhi 172
kṣama **81,6**
vicārākṣamatā **84,10**
kṣati **83,10**; **85,7**
gati **81,15**
°arthatā **89,11**
guṇa
tadguṇāropa **83,4**
gocara
śītādi° **87,9**
ṣaḍindriyavijñānagocarābhi-
mata **89,3**
gaura **79,8**
ghaṭa
dīpaghaṭavat **80,7**
gāṭhasmṛti **85,15**
grāhya
°aṃśa 153
°grāhakāropa **90,2**
°grāhakadhī **89,11**
°grāhakabhāva **89,6**
°grahākabhāga 153
°grāhakahetuphalādi **88,1-2**
catustambhaka **85,12**
citta **89,17**; **90,7**; **90,9**
taccittavinodanodyata **83,4-5**
citra
°ākāra **89,6**
°pratibhāsamātra 33
chāyā **84,17**
janitatva
preraṇāṅgarāgajanitatvādiprati-
kṣepa **79,8-9**
jāgrat **82,4**; **82,9**
jñāta **87,15**; **88,19**
jñātvā **80,12**

jñāna **80,12**; **80,13**; **80,18**; **81,2**; **86,18**; **87,7**; **89,11**
°artha **79,12**
°arthatva **90,11**
°mātra **83,15**
arthākāra° **86,18**
tadabhiniveśaprasavayogyaviśiṣṭākārajñānamātrodaya **83,18-19**
tadākāradarśanapratyanīkākārajñānodaya **84,6-7**
jñeya **85,1**
tallakṣaṇānupapatti **85,5**
tat° **81,17-18**
tattva **86,5**
vastu° **83,20**
puruṣārthopayogitattvākhyāna **86,6**
sādhyatattvasthiti 6
tattvatas 7; 24; 31; **81,5**; **81,8**; **83,18**; **87,17**; **88,3**; **88,5**; **88,14**; **88,20**
tūṣṇī **79,14**
danta **85,10**
darśana **83,13**; **84,6**
tadākāradarśanapratyanīkākārajñānodaya **84,6-7**
dvaya° **80,8**
dayālu 172
dīpa **80,12**
dīpaghaṭavat **80,7**
duratikrama **84,17**
duḥkha **88,6**
°hetu **87,16**; **88,20**
dṛṣṭa **80,14**; **83,14**; **86,10**; **87,15**; **87,17**; **88,12**; **88,16**; **88,19**
°ādikarmanirdeśa **87,18**
bheda° **79,19**
dṛṣṭatva **80,4**; **80,7**
dṛṣṭānta **81,2**; **86,11**
svapna° **83,2**; **83,7-8**
doṣa **87,13**; **88,10**
°doṣa **90,23**
dvaya **82,20**
°darśana **80,8**
°śūnyatā 18
°vāsanā 148
dvāra **85,13**
dharma **80,19**; **82,13**; **87,11**; **90,6**; **90,15**
°anusāra 13
vastu° **83,2-3**
aprakāśadharmāntara **84,20**
dharmidharmādipratipatti **84,13**
viruddhadharmādhyāsa 32
dharmakāya 171

°svarūpacintāparyantapravacana 10; 13
dharmakāyāparanāmika 12
dharmadhātu 12
dhī **79,6**
°mat **81,15**
°rūpa **86,4**
grāhyagrāhaka° **89,11**
naya
sākṛti° 12
yuvarājanayāśraya **83,23**
Nāgārjuna
āryanāgārjunādi 6; **83,24**
āryanāgārjunapāda 6; **89,14**
śrīnāgārjunapādasaṃmatipada 12
nātha 173
nāyaka 8
nāstitā **86,4**
nāstyartha **81,9**
niḥsvabhāva **88,4**
niyama **84,11**
niravakāśa **80,17**
nirasta **80,5**
nirākāra
°diś 5
°pakṣa **87,13**
nirāśa
prakṛtīśvarādivyāpāra° **79,17-18**
nirdiṣṭa **87,8**
nirmāṇa 18; 171
°kāya 174
nirvikalpa
°pratibhāsa **83,11**
nirvṛṇīta 174
nivṛtti
pravṛttinivṛttyādilakṣaṇa **88,6-7**
niṣiddha **84,5**
niṣedha **82,6**; **82,14**; **83,3**; **89,4**; **90,4**
°yatna **89,16**
asti° **81,9**
kalpitarūpa° **88,5**
putrodaya° **82,7**
bhāvābhāvavikalpa° **84,8**
maraṇa° **82,8**
vidhi° **82,11**
svasaṃvedana° **89,5**
vidhiniṣedhaviṣayatā **88,17**
ekaniṣedhābhidhāyin **84,2-3**
vidhiniṣedhaprakrama **82,24**
nīradapota **85,11**
nīla **79,12**; **80,17**; **81,10**; **89,11**
°komalādi **87,18**
°jñānasamaṅgin **89,10**
°jñānasamvedin **89,11**

°prakāśa 27; **84,19**
°vedin **90,14**
nīlatā **84,19**
nairātmya **88,1**
nopalambhopalambha **85,1**
nyāya **85,2**
para
°arthaśīlatā **82,25-83,1**
°arthasampādanābhiprāya 172
°arthasādhana 173-174
°upadeśa **80,19**
°prakāśyatā **80,8**
°rūpa **83,13**
svaparasthāprakāśavivakṣā **80,7**
paramāṇu
pratiparamāṇupratikṣaṇasarvā-
kārasarvavedanapraṇidhi 172
paramārtha
saṃvṛtiparamārthāpekṣā **88,16-17**
°sat 20; 153
paraspara
°niṣedhavidhināntarīyaka-
vidhiniṣedhayoravirodha 160
°parīhāravyavasthitimat **81,12**
parābhava **84,22**
pariniṣpatti **88,10**
pariśuddhi
vaimalya° **85,4**
parihārayatna **89,8**
paryanuyoga **83,1-2**
paryavasāna
vākyārtha° **79,7**
paryavasita
svarūpamātraparyavasita **83,11**
paryudāsa 26
°pakṣa 26
pāramīnaya 14
pāramitānaya 14
piṇḍanibha **85,13**
puṇya
°mātraprasavahetu 6; **84,1-2**
punarāvṛtti **88,22**
puras
°prakāśin **85,16-86,1**
purīṣa **85,13**
puruṣa
°arthopayogitattvākhyāna **86,6**
pūrvācārya 15
prakāra **81,14**
prakāśate **79,14**; **80,12**; **80,13**
prakāśa 32
°rūpotpanna **79,20**
°rūpavyavahāra **80,6**
nīla° **84,19**
asatprakāśavapus 7

svaparasthāprakāśavivakṣā 80,7
svaprakāśavyavahāra **86,9**
svaprakāśasvabhāva **80,17**
prakāśatā **84,19**
sva° **80,9**
prakāśa (*adj.*) **80,14**
prakāśamāna 30; 31; **87,18**
°tva 154
prakāśita **79,20**
prakāśin
puraḥ° **85,16-86,1**
prakāśyatā
para° **80,8**
prakṛti **85,3**
°īśvarādivyāpāranirāśa **79,17-18**
°pariśuddhi **82,10**
°bhrāntatva **84,9**
prakrama
vicāra° **84,2**
vidhiniṣedha° **82,24**
prajñaptisat 20
praṇidhi
pratiparamāṇupratikṣaṇasarvākārasarvavedana° 172
pratipādana
tādṛksvarūpotpattipratipādanamātra **79,18**
pratibandha **90,18**
śakti° **86,8**
pratibimba
jñeya° 172
pratibhāsa19; 31
°mātra 32
°mātrādhīna 156
°mātrarūpa 33
°mātralopa **84,8-9**
nirvikalpa° **83,11**
citrapratibhāsamātram 33
pratiṣedha 81,16; **84,5**
°arthatva **88,13**
bhinnaviṣaya° **89,6**
pratīta **87,1**
pratyakṣa
°antara **84,12**
pratyātman **87,11**
°vedya 1(6); **90,15**
pradīpa **81,2**
pradhānadoṣa **90,23**
pramāṇa **82,13**
°avatāra **84,11**
°śāstraikaparāyaṇa 13
mukhyapramāṇāgamaśāstrabādhā 23
prameya
°pramāṇāntaravad **84,14**
pravṛttinivṛttyādilakṣaṇa **88,6-7**

pravṛtta **83,1**

prāmāṇya **82,19**

preraṇa

°aṅgarāgajanitatvādipratikṣepa **79,8-9**

phala **87,12**

bali **85,13**

bahis **83,10**; **87,9**

bādha **86,3**

eka° **81,13**

bādhā **86,1**

°anupapatti **84,14**

loka° **86,9**

mukhyapramāṇāgamaśāstra° 23

bādhaka **80,4**; **81,3**; **81,5**

bādhana **80,8**

°lakṣaṇa **82,14**

bāndhava **85,14**; **85,15**

bālajana

°upalāpana **86,16**

bāhya **80,7**; 153

°tas 172

buddhaguṇa 173

buddhi **79,14**; **79,19**; **86,10**; **86,14**

°viṣaya **80,6**

°rūpādhikāra **80,8**

bodha

svabodhasiddhi **90,17**

bauddhatattvasthiti 16

brahman 20

Bhagavat 9; **79,17**; **82,19**; **89,5**; **89,12**

bhāva **81,10**; **81,11**; **82,2**

°abhāva **84,2**

°abhāvavikalpaniṣedha **84,8**

°vidhi **82,8**

bhāṣya

tadbhāṣya° 12

°kāropajña 5

°kāramatamadhyamā 7

kīrtivārttika° **82,23**

bhāsate **79,6**; **79,16**

bhinna

°viṣayapratiṣedha **89,6**

bheda

°dṛṣṭa **79,19**

bhauta **85,15**; **85,16**

bhautakalpitakalpa **85,7**

bhramabhāvavirodhin 25

mantranīti 14

mantranaya 14

mata **79,19**

madhyamā 12

°yogācāra 1

bhāṣyakāramata° 7

sanmadhyamākhyā 11

masṛṇa **79,4**; **79,5**; **79,6**
mahākaruṇā 171-173
Mādhyamika
śuddha° 1
māna **87,12**
mukhyapramāṇāgamaśāstrabādhā 23
mudhā 80,15
mūla
°adaka **85,10**
meya **87,12**
Maitreya **90,6**
āryamaitreyanāyakanāyatikrma 16
yathārthajñānahetukṛta 148
yukta **89,18**
yukti **82,22**
°āgama **90,17**
°kṣīṇa **81,4**
°vāditā **79,1**
yuvarāja 8
°anurodha 12
°nayāśraya 6; 11; **83,23**
°naya 12
°nāyakanaya 12
°nīti 12
°nītiprasādhanapada 8; 12
°prabhṛti 12
°prayanta 9; 11
°mauli 12
°rāja 11; 13
°rucita 12
āryāsaṅgayuvarājoktinirṇaya 10; 13
yuktyāgamoktiyuvarājanayānugo 12
yogācāra 1
°naya 12
°madhyamā 1
yogyatā **87,12**
yauvarājaka
°rāja 11
rāga
preraṇāṅgarāgajanitatvādipratikṣepa **79,8-9**
rājan
°dvār **85,9**
°dvāra **85,14**
rūpa 24
ajaḍa° **80,1**
dhī° **86,4**
vastu° **85,8**
svasaṃvidita° **84,18**; **90,5**
kalpitarūpaniṣedha **88,5**
prakāśarūpotpanna **79,20**
prakāśarūpavyavahāra **80,6**

buddhirūpādhikāra **80,8**

lakṣaṇa **85,7**

utpādanavināśa° **82,11-12**

pravṛttinivṛttyādi° **88,6-7**

asallakṣaṇānupapatti **82,1**

tattallakṣaṇānupapatti **81,17-18**

sallakṣaṇānupapatti **81,18**

liṅga **87,5**

°viraha **87,4**

loka **80,4**; **80,5**; **81,3**; **81,5**; **81,6**; **86,3**; **86,6**; **86,9**

°anurakṣā **86,4**

°apekṣā **81,2-3**

°bādhā **86,9**

lopa

pratibhāsamātra° **84,8-9**

vacanavyāpṛta **82,25**

vandhyāduhitṛlīlā **80,15**

vastu **86,11**

°dharma **83,2-3**

°tattva **83,20**

°rūpa **85,8**

vastutas 1; 12

vākya

°arthaparyavasāna **79,7**

vāda **81,11**; **83,1**

advaya° **83,8**

citrādvaita° 12

śūnyatā° 12

vādin

evaṃ° **79,9**; **80,4**

vijñāna° 153

sadasadubhayānubhaya° **81,16-17**

yuktivāditā **79,1**

sākāravāditā 12

vāraṇa **88,14**

vikalpa° **88,9**

satyādhimokṣa° **88,11**

vārttika

°kāra 8

munīndramatavārttikabhāṣyakāra 5

vāsanā

anādivāsanāvaśa **83,18**

vastutas 148

vikalpa **83,11**; **84,9**; **88,9**

abhūtavikalpavāraṇa **88,5-6**

bhāvābhāvavikalpaniṣedha **84,8**

vicāra **84,10**; **84,18**

°akṣamatā 27; **84,10**; **84,18**

°prakrama **84,2**

°vyasana 6; **83,21**

vijñāna

ṣaḍindriyavijñānagocarābhimata **89,3**

°mātratas 172

vijñānavādin 513
vitti **84,17**; **87,2**
vidhi **81,16**; **82,6**; **82,14**; **84,5**
anya° **81,13**
°niṣedha **82,11**
°niṣedhaprakrama **82,24**
°niṣedhaviṣayatā **88,17**
vidveṣa **79,21**
vināśa
utpādanavināśalakṣaṇa **82,11-12**
viplava **79,10**
vimati **87,5**
viruddhadharmādhyāsa 32; 160; 162
evaṃvidhaviruddhadharma-adhyāsa 156
virodha **79,5**
vivakṣā **80,4**
karmakartṛ° **79,15**
svaparasthāprakāśa° **80,7**
vivāda
°āspadībhūta **82,13**
viśuddhatā **85,3**
viśeṣa **79,16**; **86,2**
viśeṣaṇa
kalpanāviśeṣaṇatva **88,15**
sāṃvṛtatvaviśeṣaṇāvakāśa **84,15**
viśeṣatas **82,25**
viśrāmamātra **81,4**
viṣaya **89,8**
buddhi° **80,6**
śātādi° **87,9**
bhinnaviṣayapratiṣedha **89,6**
vidhiniṣedhaviṣayatā **88,17**
viṣāda **83,4**
vedana **87,10**
abhinna° 23
pratiparamāṇupratikṣaṇasarvā-kārasarvavedanapraṇidhi 172
vedin
nīla° **90,14**
vedyavedaka **89,10**
vaimalyapariśuddhi **85,4**
vyavasāya
tadvyavasāyāpekṣayā **83,14-15**
vyavasthāna **81,15**
vyavasthāpita **80,18**
vyavasthiti **83,24**
parasparaparīhāravyavasthiti-mat **81,12**
vyavahāra **80,9**
kriyākāraka° **79,19**
prakāśarūpa° 80,6
svaprakāśavyavahāra **86,9**
vyavahṛti
tadupādhi° **87,2**

vyāpaka°
anupalambha **81,1**
vyāpāra
prakṛtīśvarādivyāpāranirāśa **79,17-18**
vyāpṛta
vacana° **82,25**
śakti
°pratibandha **86,8**
śaṅkā **87,13**
śabda **88,2**; **88,15**; **88,16**; **88,22**
śaraṇa **90,17**
Śāntidevapāda **87,14**
śāstra
mukhyapramāṇāgamaśāstrabādhā 23
śīla
parārthaśīlatā **82,25-83,1**
śuddhamādhyamika 1
śūnyatā
°arthaḥ **84,10**
°vāda 12
dvaya° 12; 18
sarva° **81,4**
śmaśāna **85,14**
śraddhadhīta **86,8**
śraddhā
°anusāra 13
°vaśa **83,23**
śruta **87,15**; **88,19**
ṣaḍindriyavijñānagocarābhimata **89,3**
saṃvitti
°vilopa **84,7**
saṃvṛti **81,5**; **84,13**; **88,14**; **88,20**
°āśraya **84,10-11**
°paramārthāpekṣā **88,16-17**
°śabda **88,22**
saṃsāra **88,7**; 172
sakarmika **79,11**; **79,12**
saṅkalpa **86,15**
saṅketita **79,16**
saṅgatas **88,16**
sattva
°abhāva **81,19**
satya **88,9**
°adhimokṣavāraṇa **88,11**
satyatas 87,16; **87,17**; **88,8**; **88,15**
satyatva **88,8**; **88,9**
satyam **81,2**
saduttara **86,8**
sannidhi
tat° **79,9**
samatā **85,1**
samāropa **90,1**; 172
samprati **79,5**; **82,21**; **88,11**

saṃbhoga 18
dharmasaṃbhogāvicchedaprati-
pādana 18
saṃmati **79,20-21**
sarva° **82,22-23**
sarva
°asatkalpanākṣaya **85,4**
°upādhivivikta **85,8**
°dharma **88,4**
°dhātu 19
°śūnyatā **81,4**
°sādhārana **83,2**
°saṃmati **82,23**
°svīkāra **81,5**
sarvathā **79,9**; **80,9**; **84,7**; **84,8**;
86,3; **86,5**; **89,8**
sallakṣaṇānupapatti **81,18**
sahopalambhaniyama 154
sāṃsārika **90,1**; 172
sāṃvṛtatva
°viśeṣaṇāvakāśa **84,15**
sākāra
°itaramadhyamā 12
°naya 23
°pakṣa **87,13**; **87,14**
°vāditā 12
sākṛtinaya 12
sākṣāt **86,10**; **89,7**
sādhana
°lakṣaṇa **82,13**
sādhārana
sarva° **83,2**
sādhyatattvasthiti 6
sāmarthya **84,3**
°sthiti 12
artha° 23
sāmānya
°āśraya **86,11**
siddhānta **86,2**
siddhi **83,3**
anubhava° **8,17**
tadadhigati° **87,5**
svabodha° **90,17**
sūkṣma **89,7**
skhanda **90,1**
sthiti **84,14**
suhṛd **80,13**; **80,18**
sphurattā **87,11**
smaraṇa **8,17**
svaparasthāprakāśavivakṣā **80,7**
svapna 82,4; **83,8**; **83,14**; **84,4**
°dṛṣṭānta **83,2**; **83,7-8**
svaprakāśatā **80,9**
svaprakāśa **86,10**
°svabhāva **80,17**
°vyavahāra 36; **86,9**

svabodhasiddhi **90,17**
svabhāva **82,22**
upanāyāpanaya° **82,12**
svaprakāśa° **80,17**
anubhavasvabhāvaparibhava **85,6**
svayam **79,5**; **79,6**; **79,8**; **79,14**; **81,18**; **82,8**; **84,17**; **86,19**
°āśaya **86,7**
°kṛta **89,13**
°bhū **79,17**
svarūpa **83,13**; **83,14**; **85,17**
°mātrānubhava **84,22**
°mātraparyavasita **83,11**
°sattā 27; **84,12**
°hāni 32
tādṛksvarūpotpattipratipādana-mātra **79,18**
dharmakāyasvarūpacintāpary-antapravacana 10
svavid **87,12**
svasaṃvitti **80,2**; **84,11**
svasaṃvid **84,13-14**
svasaṃvidita 23; **89,4**
°rūpa **84,18**; **90,5**
svasaṃvedana 18; 26; 155; **79,2**; **90,9**; **90,16**
°niṣedha 23; **89,5**
°pracyuti 22
°rūpa 23-24; 25
svasaṃvedya **80,19**
svahetu 24; **79,18**; **79,20**
svākāra
°mātra **83,8**
niyata° **84,13**
svātman **79,1**
svādhīna **83,7**
svānubhava **86,16**
svābhyupagama **81,16**
hitasukhecchayā 172
hṛdaya **87,1**
hetu **88,6**
duḥkha° **87,16**
puṇyamātraprasava° **84,1-2**

(2)作品名索引

Abhisamayālaṃkāra 4; 29
Advaitabinduprakaraṇa 27
Ariyaparyesanasutta 171
Ātmatattvaviveka 151

Ubhayādvaitapariccheda 6; 11
Kāryakāraṇabhāvasiddhi 73
Kudṛṣṭinirghātana 1(13)
Kṣaṇabhaṅgādhyāya 1; 1(49)
Candrapradīpa 1(12)
Jñānālokālaṃkārasūtra 20
Tattvaratnāvali 14
Triyānavyavasthāna 1(20)
Dharmadharmatāvibhāga 4
Nyāyavārttikatātparyapariśuddhi 152
Prajñāpāramitopadeśa 27
Pramāṇavārttika 127
Pramāṇaviniścaya 26; 71
Pramāṇasamuccaya 46; 127; 150
Bodhicaryāvatāra 41
Bodhicaryāvatārapañjikā 69
Madhyamakāvatāra 46
Madhyamakālaṃkāra 36
Madhyamakāvatārabhāṣya 34
Madhyāntavibhāga 4; 11; 173
Madhyāntavibhāgaṭīkā 173
Mahāyānasūtrālaṃkāra 4; 21; 173
Mahāyānasūtrālaṃkārabhāṣya 21; 173
Mūlamadhyamakakārikā 71
Ratnagotravibhāga 4; 18; 173
Laṅkāvatārasūtra 1(50)
Saṃdhinirmocanasūtra 71
Sarvajñasiddhi 73
Sākārasaṃgrahasūtra 4; 9; 27; 29
Sākārasiddhiśāstra 1; 4; 69; 171
Svasaṃvedanapariccheda 1; 2; 11; 69
『成唯識論』 127

(3)文献引用箇所索引

引用文献の範囲は頁数と行数もしくは偈頌番号によって示される。

XI.15　134

IX.66　1(36)

MSABh

59,3-6 (ad XI.15)　134

RG

I.9　1(6)

I.145　1(6)

II.53　171

IV.53　19

IV.54　19

4,5-7　1(25)

11,18-21　1(6)

22,10-12　2(10)

70,1-6　1(6)

SP

48,13-14　1(20)

『成唯識論』

10b5-16　149

著者紹介

新井　一光
1974年福島県にて生まれる。
駒澤大学大学院人文科学研究科博士後期課程修了。
現在、拓殖大学非常勤講師、博士（仏教学）。
論文「能熏の原語について」「後期唯識思想史の一断面」等。

ジュニャーナシュリーミトラ研究

平成28年6月20日　初版発行

著　者　ⓒ新　井　一　光
発行者　　浅　地　康　平
印刷者　　小　林　裕　生

発行所　株式会社　山喜房佛書林
東京都文京区本郷五丁目二十八番五号
電話03-3811-5361　振替00100-0-1900

ISBN978-4-7963-0273-9　C 3015